婚活男。

おーじろう

JN141564

SOGO HOREI PUBLISHING CO., LTD

はじめに

私の名前は「ジロウ」と申します
大阪府出身
職業・イラストレーター（フリーランス）
私には約3年付き合っていて結婚を考えていた彼女がいました
ある日いつも通り彼女と話をしていると…
実は私　別の人と結婚することになったんだ……ごめん
えっ!? どういうこと!? 3年も付き合ってたよ… あれ？ 付き合ってたの？ いや 付き合ってたよ！ 別の人と結婚？ そんなことって起こりえるの？ そんなことにも気づかず 俺ってそこまで鈍感でバカだったの!? なんやこれ!? いったい今俺の身に何が起こってるんや!? これは現実なのか……？
……
別の人と結婚すると言われ引き止めることはできないとわかってはいたけど
最後くらいしっかり話はしたいと思ってました
が……
スッキリ！
自分だけ言いたいこと言ってスッキリしてるやん！
はわ… はわわわわ…
めちゃめちゃ良い顔してるやないか……

彼女の晴れやかな表情を見たら私はもう何も言えませんでした・・・
幸せになってね・・・
とはいえ・・・35歳・独身・彼女なし
あれ？俺このままじゃ結婚できひんのちゃう・・・・・？
友人A（既婚者）
35歳なんてまだまだこれからでしょ！全然焦る必要ないよ
なんてこと言われますが・・・
焦るもんは焦るねん!!
いやや！さびしい〜
バタ
バタ
友人B（既婚者）
女なんて星の数ほどいるよ心配するな！
なんてことを言う人もいますが・・・
俺の側には誰もいないねん!!
どこの空の話や〜
バタ
バタ
よし婚活をしよう！
決めた！
婚活を始めることにしました
頑張るぞ！

はじめまして！　おーじろうと申します。
フリーランスでイラストレーターをしています。

この本は、私自身のリアルな婚活の記録を描いた、
男性目線の婚活漫画です。

私が婚活を始めようと思ったきっかけは先ほど描いたとおり、長年お付き合いしていた女性にフラれてしまったこと。
気づけば35歳。もう決して若くはない自分の年齢に焦りを感じたからでした。

自分の年齢、フリーランスという不安定な働き方など、婚活には不利な条件とは思ったので、正直、とても不安でした。
しかし、「結婚したい！」「結婚したいと思える女性に出会いたい！」という気持ちが強く、勇気を出して行動することにしました。

婚活を始めた当初は、心のどこかで、
「本気で婚活に取り組めば、すぐに相手は見つかるはず……！」
と、思っていました。
が、その見立ては甘すぎました！！！！

そう、婚活って大変なんです……。

この本で描いた、私が身をもって経験した婚活のさまざまなことが、少しでも、婚活を頑張っている方、今後婚活を考えている方にとって、
なにかの参考になってくれれば嬉しいなって思ってます。そしてみなさんに、「こんなアホな男がいるんだな……」と笑いながら、楽しく読んでいただけたら、なお嬉しいです。

それでは、お楽しみください！

婚活でよく登場する
プロフィールカード

プロフィールカード

【名前】ジロウ　【年齢】35歳
【職業】
イラストレーター（フリーランス）
【住所】東京都　【学歴】高卒
【身長】172cm　【血液型】A型

3 婚活カフェ いろいろな婚活編

ブックデザイン 小口翔平+喜來詩織+永井里実(tobufune)
校正 池田研一
DTP 横内俊彦

1

婚活パーティーに行ってみよう

30代独身男性に告ぐ

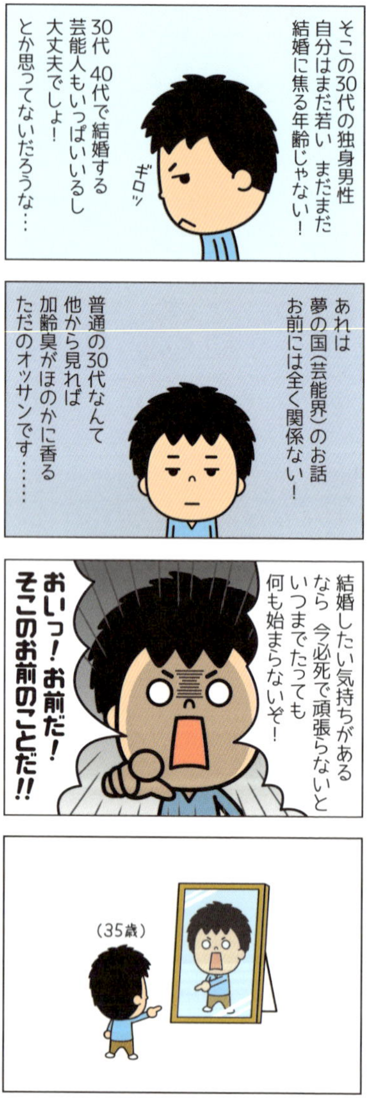

そこの30代の独身男性
自分はまだ若い まだまだ
結婚に焦る年齢じゃない！
30代 40代で結婚する
芸能人もいっぱいいるし
大丈夫でしょ！
とか思ってないだろうな…
ギロッ
あれは
夢の国（芸能界）のお話
お前には全く関係ない！
普通の30代なんて
他から見れば
加齢臭がほのかに香る
ただのオッサンです……
結婚したい気持ちがある
なら 今必死で頑張らないと
いつまでたっても
何も始まらないぞ！
おいっ！お前だ！
そこのお前のことだ!!
（35歳）

婚活パーティーを探す

婚活といえば
「婚活パーティー」
よし、検索だ！
たくさんあるけど
どう選んだらええんやろ？
PC
婚活パーティーは
基本的に 参加条件が
年齢で分けられています
【参加条件 例】
・20代
・25歳～35歳
・35歳～50歳
一例ね
その中でさらに細かい
条件が決められて
いるものもあります
【男性の参加条件 例】
・年収○○○万円以上
・大卒
・公務員限定
・高身長
ゴクリ
※もちろん特に条件の
ないものもあります
条件を満たしつつ
私は35歳
年齢が近い女性と
出会いたい！
どんな相手と出会いたいかで
参加するパーティーを
選ぶのが良いんだろうな

DINKs希望限定、再婚に理解がある人限定……など、
生活を共にしていくうえで大切な価値観を
先にすり合わせできるというメリットもあります。

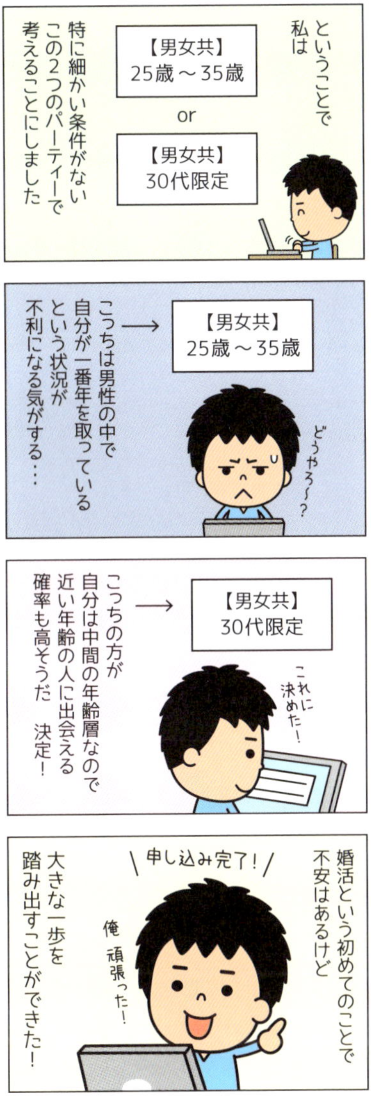
ということで私は
【男女共】
25歳～35歳
or
【男女共】
30代限定
特に細かい条件がないこの2つのパーティーで考えることにしました
こっちは男性の中で自分が一番年を取っているという状況が不利になる気がする…
【男女共】
25歳～35歳
どうやろ～？
こっちの方が自分は中間の年齢層なので近い年齢の人に出会える確率も高そうだ　決定！
【男女共】
30代限定
これに決めた！
婚活という初めてのことで不安はあるけど
大きな一歩を踏み出すことができた！
申し込み完了！
俺頑張った！

ちっちゃい男

婚活パーティーに参加するためネットで検索
え～っと参加料金は5千円かぁ結構するなあ…
PC
でも　この値段でも参加するってことはみんなそれだけ真剣ってことだな
ん？
男性と女性で参加料金の値段が違う!?
PC
婚活パーティー
日程：○月○日（土）
（参加料金）
男性　5000円
女性　1000円
差がありすぎやろ!!
納得いかねぇ～
ちっちゃい男

参加費にあまり差がないパーティーもありましたが、
やはりその方が女性陣も真剣な印象を受けました。

希望いっぱい

会場に到着
人生初の婚活パーティーさあ行くぞ！
まずは受付 身分証明書の提示が必要で 年齢などを含め しっかりした本人確認があります
ご確認させていただきます
安心感があるね！
受付が済むと席に案内され
パーティーが始まるまでに**プロフィールカード**を記入します
あとはパーティーの開始を待つのみ
キョロ
キョロ
会場は明るくキレイで落ち着いた雰囲気やなあ
この会場で 真剣に結婚を考えている者同士が出会うってことやろ？
ありがたい～
なんて素晴らしいイベントなんだ…
でも…うまくいかなかったらどうしよう―!!
直前になって 急に不安になってきた…
いや 大丈夫！絶対にうまくいく！自分を信じろ!!
結婚相手を見つけるために参加したんだろ！
頑張るしかない！
婚活の果てに希望が待っている…… はず

会場は広々としていて、
おしゃれなレストランのような落ち着いた雰囲気の場所でした。

婚活パーティー開始前

パーティーの開始が近づくにつれどんどん緊張するジロウ
うまく話せるかなあ
今回のパーティーは男女 15対15
俺以外はどんな男性が参加してるんやろ？
この人 イケメンやん
あの人もモテそうやなあ
あなたたち パーティーに参加しなくても余裕で相手を見つけられるんじゃないの!?
他もみんな普通に結婚してもおかしくなさそうな人たちばっかりやん！
キョロ
キョロ
うわぁぁぁー
なんか思ってたんとちがうー!!
婚活パーティーに参加する男って ブサイクでモテへんどうしようもない人ばっかりじゃないの？
→（ものすごい偏見）
（代表例）
てへっ
ダメだ…
他の男性参加者がみんな自分よりなにもかもはるかに優れた人間に見えてきた
自分はなんてちっぽけな人間なんだ…
なんてことを思っているうちに…
俺なんか…
戦意喪失……
ちーん
パーティーはまだ始まってもいない…

まわりの人たちと自分を比べる必要はありません！
自分に合った相手を見つけるのが、婚活パーティーなのですから！

プロフィールカード

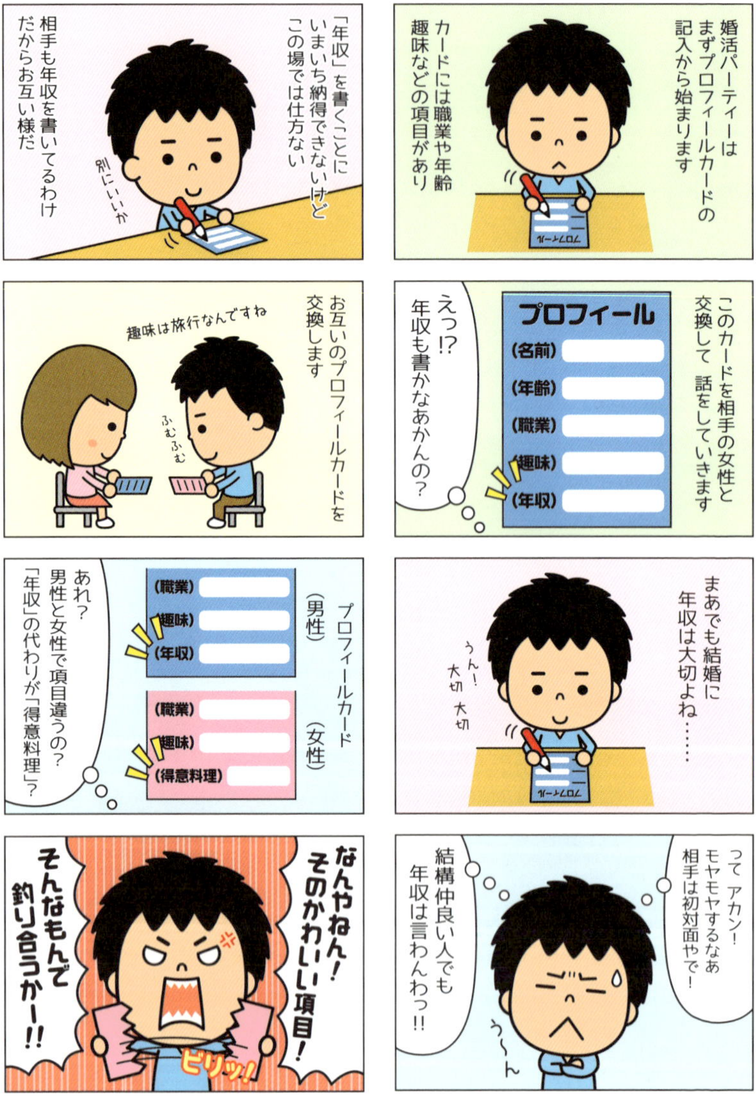

婚活パーティーは
まずプロフィールカードの
記入から始まります
カードには職業や年齢
趣味などの項目があり
プロフィール
このカードを相手の女性と
交換して 話をしていきます
プロフィール
(名前)
(年齢)
(職業)
(趣味)
(年収)
えっ!?
年収も書かなあかんの?
まあでも結婚に
年収は大切よね……
うん! 大切 大切
って アカン!
モヤモヤするなあ
相手は初対面やで!
結構仲良い人でも
年収は言わんわっ!!
う〜ん
「年収」を書くことに
いまいち納得できないけど
この場では仕方ない
相手も年収を書いてるわけ
だからお互い様だ
別にいいか
お互いのプロフィールカードを
交換します
趣味は旅行なんですね
ふむふむ
プロフィールカード
(男性)
(職業)
(趣味)
(年収)
(女性)
(職業)
(趣味)
(得意料理)
あれ?
男性と女性で項目違うの?
「年収」の代わりが「得意料理」?
なんやねん!
そのかわいい項目!
そんなもんで
釣り合うかー!!
ビリッ!

パーティーによって、プロフィールに書く項目は多少違いがあります。
年収欄がないものもありました。

いろいろ不利なフリーランス

はじめまして ジロウです
はじめまして お仕事は何なさってるんですか？
・・・・フリーランスで イラストレーター やってます
フリーかぁ・・・
ふ〜ん・・・ そうなんですね
アホかー!!
お前だけが興味ないと思うなよ！ こっちもお前に興味ないわー!!
お洋服ステキですね
フリーランスで イラストレーター やってます
へぇ〜
・・・・フリーターなんですね
ちがうで・・・
似たようなもん？
一人で仕事をしてるんです
へぇ〜
ひとりぼっちなんですね
ぼっちだけど・・・
公私ともにね・・・

フリーランスとは、ざっくり言うと自分一人だけの会社みたいなものです。
不安定な働き方と思われているようで……。

心も体もスタミナ勝負

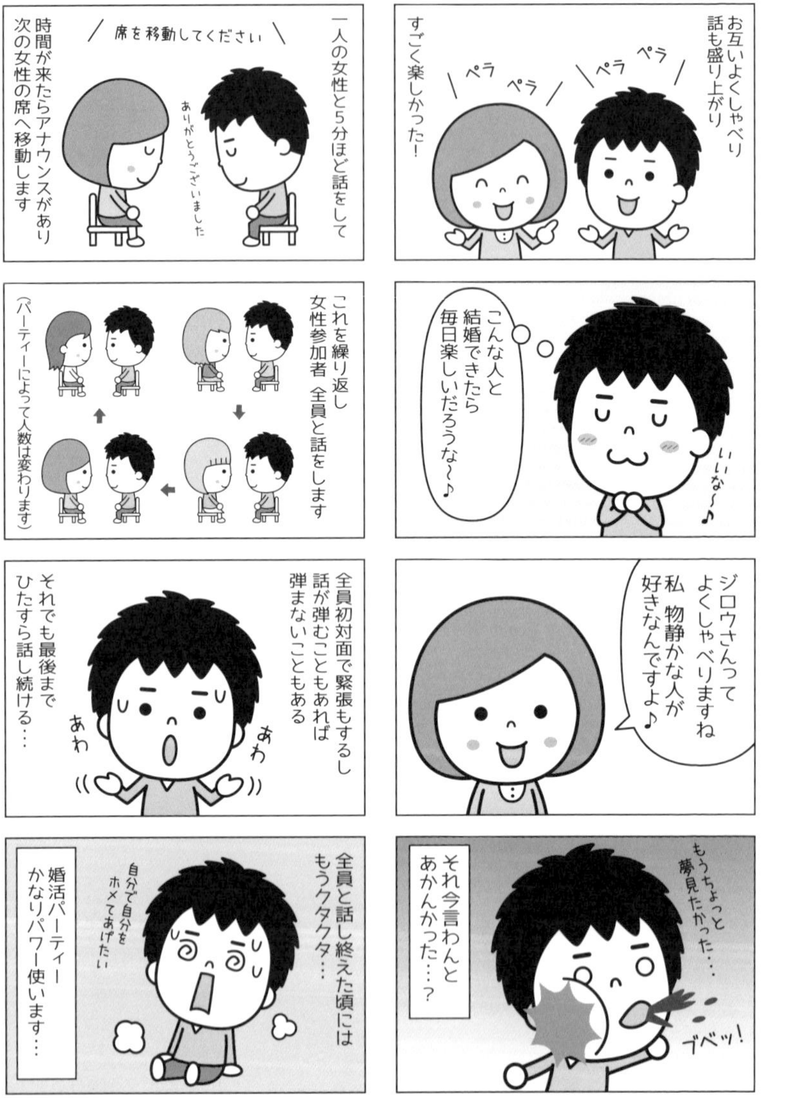

お互いよくしゃべり
話も盛り上がり
すごく楽しかった!
ペラ ペラ
ペラ ペラ
こんな人と
結婚できたら
毎日楽しいだろうな~♪
いいな~♪
ジロウさんって
よくしゃべりますね
私 物静かな人が
好きなんですよ♪
それ今言わんと
あかんかった…?
もうちょっと
夢見たかった…
ブベッ!
一人の女性と5分ほど話をして
時間が来たらアナウンスがあり
次の女性の席へ移動します
席を移動してください
ありがとうございました
これを繰り返し
女性参加者 全員と話をします
(パーティーによって人数は変わります)
全員初対面で緊張もするし
話が弾むこともあれば
弾まないこともある
それでも最後まで
ひたすら話し続ける…
あわ
あわ
全員と話し終えた頃には
もうクタクタ…
自分で自分を
ホメてあげたい
婚活パーティー
かなりパワー使います…

パーティー中は気を張りっぱなしなので、
少しでもポジティブなことがあれば、相手のことが気になります。

メモタイム

ひとりの人と話し終えると
ありがとうございました
次の席へ移動するまでの間にメモをする時間があります
どんな人だったか忘れないよう相手の情報や会話した内容等をメモします
え〜っと
何をメモしたらいいかな〜
しかし ここでしっかりとメモしとかないと…
えっ もう？
メモタイム終了です
なんとも浅い情報だけが残り後で見直しても
・白い服
・日曜日
・イヌが好き
チーン…
どんな人だったかはもう闇の中です……

会話内容で印象的だったことなど、
後で相手を思い出せる内容を書くことが重要です。

無言のブロック

はじめまし・・・
ぷいっ
えっ?
話す前から顔を背けられてるけど
なんでや!? 初対面やで!!
いい天気ですね
そうですね
横向いて 全然こっちを
向こうとしないやん…
話はしてくれるけど
そういう意思表示ってことかな?
無愛想どころの
さわぎじゃないね…
俺に興味がないのは
仕方ないですけど…
あ〜そうですか
大人なら
ちゃんとしろ!
そういうところ
ちゃうかな?
結婚できないのは!!
お前が言うな!!
ごめんなさい…
恋人なし・甲斐性なし・
結婚できる気配すらなし
グサッ!

その後、この女性は他の男性とは満面の笑みで
大盛り上がりしていました。

会話に必要なものは…

会社員なんですね どういったこと されてるんですか?
普通の仕事です
ニコ
ニコ
休日は何を してるんですか?
特にこれといった ことはしてないですね
ニコ
ニコ
音楽が好きなんですね どういうの 聴くんですか?
いろいろですね
ニコ
ニコ
・・・・・・
ニコ
ニコ
会話って 思いやりだよね♪
てへっ

質問の仕方って難しいですよね。
会話を続けるって大変……。

アピールカード

いろんな方がいましたがひとまず女性全員と一通り話してトークタイムは無事終了
ふぅ～ つかれた～
次にアピールカードというものが出てきます
話してみていいなと思った相手を3人選んでカードに記入します
ふむ
アピール
女性の名前とメッセージを書いたこのカードが相手のもとに渡り
お話できて楽しかったです。・・・っと
最後のカップリングタイムの前に「私はあなたのことを気に入ってますよ！」というアピールになります
受け取った方は 自分のことを誰が気に入ってくれているのかがわかるというわけです
あっ、○○さんからだ うれしいな～♪
俺のところには誰からカードくるかな～♪
ワク ワク
アピールカードを全員に配り終えました
ん？
まだ来てませんよ？
はっ!!
（察した・・・）
きっと照れ屋な女性が多くて誰もカード書かんかったんやろ だから他の男性も全員カードもらってないはずや・・・
うん！ きっとそう
そうだと信じたい！

枚数など多少違いはあるものの、
多くの婚活パーティーではアピールカードがありました。

カップリングカード

【婚活パーティーの大体の流れ】
トークタイム（5分×15人）
←
アピールカードで印象チェック
←
カップリングタイム
←
カップル発表
今ココ
いよいよカップリングタイム！
アピールカードの内容や結果なども判断材料にして
カップルになりたいと思った女性3人の名前をカップリングカードに記入します
う～ん
話してみた感じで印象が良かったのはA子さん B子さん、C子さんの3人やな
よし 3人までは絞れた
絞った3人をさらに第一希望～第三希望まで順番をつけます
まずは一番を決めないと
どうしたもんか
A子さんとは趣味が同じで話が盛り上がったなあ
B子さんはキレイな人やったなあ
C子さんは落ち着いた雰囲気で性格も良さそうだったなあ
やっぱり一緒にいたら楽しくなりそうなA子さんかな
でも 結婚ってこと考えたらC子さんなのかも
いや キレイなB子さんも…
いざ振り返るとどの人も良かったな～
ステキな女性ばっかりやん！
順番なんて決められへんよ～
あぁ～ん どうしよ～？
なんか楽しそうやな…

アピールカードに「食事に行きましょう」みたいな具体的なことを書かれていたら、惹かれちゃいますよね。

恋心

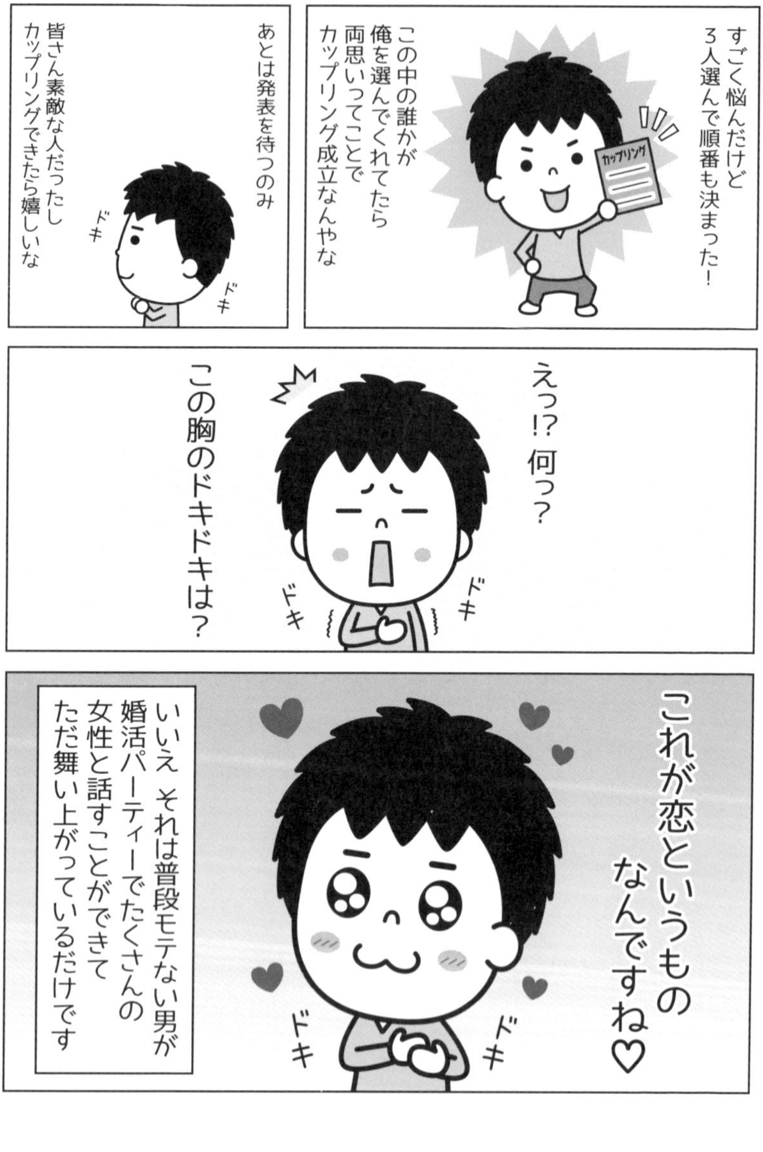
すごく悩んだけど
3人選んで順番も決まった！
カップリング
この中の誰かが
俺を選んでくれてたら
両思いってことで
カップリング成立なんやな
あとは発表を待つのみ
ドキ
ドキ
皆さん素敵な人だったし
カップリングできたら嬉しいな
えっ!? 何っ？
ドキ
ドキ
この胸のドキドキは？
これが恋というもの
なんですね♡
ドキ
ドキ
いいえ それは普段モテない男が
婚活パーティーでたくさんの
女性と話すことができて
ただ舞い上がっているだけです

カップリング発表前のこの瞬間、希望に満ち溢れてます！

カップル発表

婚活パーティーも なんだかんだで楽しく参加できた あとは最後のカップル発表を残すのみ！
ついにきた！
カップル発表は主催の方からそれぞれ個別に伝えられます
それでは 発表させていただきます！
ドキドキ
ジロウさんは残念ながら誰ともカップリングできませんでした
ん？
誰にも選ばれませんでした
……

アピールカードが１枚ももらえていなくても、
もしかしたらまだチャンスが……と思わずにはいられない。

パーティー中 あんなにいろいろ楽しかったのになあ…
アホかー
……?
あれっ!?
ガタ
ガタ
楽しかった気でいたけど、冷静に振り返ったらパーティーで全く女性とうまくやれてないやん…
完全に一人で舞い上がってただけやーーっ!!
ガーン
カップル成立ならず…

初めてだらけのことで舞い上がってしまい、
これが婚活だという意識が足りなかったです……。

婚活パーティー終了

頑張ったつもりやけど結局カップリングはできんかったなあ…
はぁ～
このままこの先もずっと独りなんやろうか…
とぼ
とぼ
10年後…
わい
わい
30年後…
50年後…
誰にも看取られることなくひっそりと息を引き取る
ジロウ永眠…
完

頑張ったのなら、多少の失敗で落ち込む必要はありません。
たまたま今回は縁がなかったというだけです。

……
って、こんなんイヤやーーっ!!
バーンッ!!
多少の失敗がなんぼのもんじゃい!
絶対諦めへんからなーー!!
ということでまだまだ婚活続けます!

「諦めない!」
これもまた婚活には必要なことなんじゃないかなと思います。

準備が裏目に…

初めての婚活パーティーにはやぶれてしまったが　めげずにもう一度参加してみよう
次はうまくいきそうな気がする！
根拠は何もない！
でもそうなるとカップリングした女性とパーティー後に行く場所を考えておかねば…
う〜ん
よし　パーティーが始まる前に早めに行って　会場周辺をリサーチしておこう！
最初だし　多分短い時間でお茶をする感じだろうから
会場近くで落ち着いて話せるカフェが良いだろうな
キョロ
キョロ
いろいろ探したけどここが良さそうだ！
CAFE
このお店でカップリングした女性と一緒にケーキを食べながらお茶できたら嬉しいな♪
婚活パーティー後
そして…
誰ともカップリングできず…
ちーん…
パーティー終了後一人でカフェへ行くことに…
このお店のコーヒーなんだかすごく苦いや……

その時になってオロオロしないよう、婚活パーティー後に行くお店は、事前にある程度リサーチしておく必要あり。

婚活SM

婚活パーティーの
参加料金は割と高い
10人以上の女性と話し
所要時間は約2時間
気になる女性もいたけど
結果　誰とも
カップリングできず…
高いお金を払って
必死で頑張って
気になった女性に
見向きもされず
2時間足らずで
失恋した気持ち　……って
はぁ〜
どんなプレイやねん!!

遅刻はアカン!

婚活パーティー参加当日
準備に時間をとられ
バタバタしていたら
開始時間に遅れそうに…
あわ
あわ
婚活パーティーに
遅れるような人間はダメだ
真剣じゃないと思われる
急げーー!!
遅刻は絶対アカーン!!
会場到着
時間ギリギリ
間に合った〜
あちぃ〜
はぁ
はぁ
パーティーが始まる
すぐに席に着かないと!
はじめまして!
時間には余裕を持って
行動しましょう…
ダラ
ダラ

ほんの数分間しか話してない相手なのに、失恋感があります。

神頼み

婚活がうまくいかないので
ここは一度婚活成功祈願をしに行ってみようと思う
ステキなお相手と出会えますように
神様なんとかお願いします！
パン パン
楽しく一緒にいられる人なら それ以外は何も望みません…
良い出会いがありますように
でも…できたらかわいい方が…
あと やさしくて料理上手でスタイルが良くてそれから～……
お願いします
欲張るなっ!!

特に縁結びで有名ということわけではないですが、
大きくてご利益のありそうな神社を選んでお参りしました。

男ってバカ

婚活パーティーにて
最初にお話したA美さん
話も合い すごく楽しく盛り上がった
キャッ キャッ
ワイ ワイ
この人とならうまくいくんじゃないだろうか？
次のB美さん
わっ カワイイ！ すごく好みのタイプだ！
え〜っと…
あっ、はい…
でも 話はいまいちかみ合わなかった…
そして パーティー最後のカップリングタイム
カップルになりたいと思った女性の名前をカードに記入して、両思いであればカップリング成立
楽しくて話も合うA美さん
これはA美さんだよなあ
かわいくて好みのB美さん
う〜ん
どちらかを選ばないといけない…
どう考えてもA美さんだろ
う〜ん
・・・・・・
え〜い！やっぱりかわいいB美さんを諦めたくない！
カップリング B美さん
男は女性のビジュアルに引っ張られがち…
当然 カップリング失敗…
俺はバカヤローだ!!
うわぁあー

何度同じ失敗を繰り返したことか……
わかってはいるんです。

婚活はカッコ悪い？

私が何度も婚活パーティーに行っていた頃
知人A
必死で婚活してるのってなんか恥ずかしいしカッコ悪くない？
ということを言われました
婚活が恥ずかしい？カッコ悪い？
……
バカおっしゃい!! 恥ずかしいなんて思ったこと　一度もないわ！
素敵なパートナーを見つけるために一生懸命で何が悪いんや！
すました態度で婚活しないのがカッコ良いの？
そのカッコ良さで異性と出会うことができるのかい…？

婚活することは、一切恥ずかしくもカッコ悪くもありません！

婚活も自己分析が大事

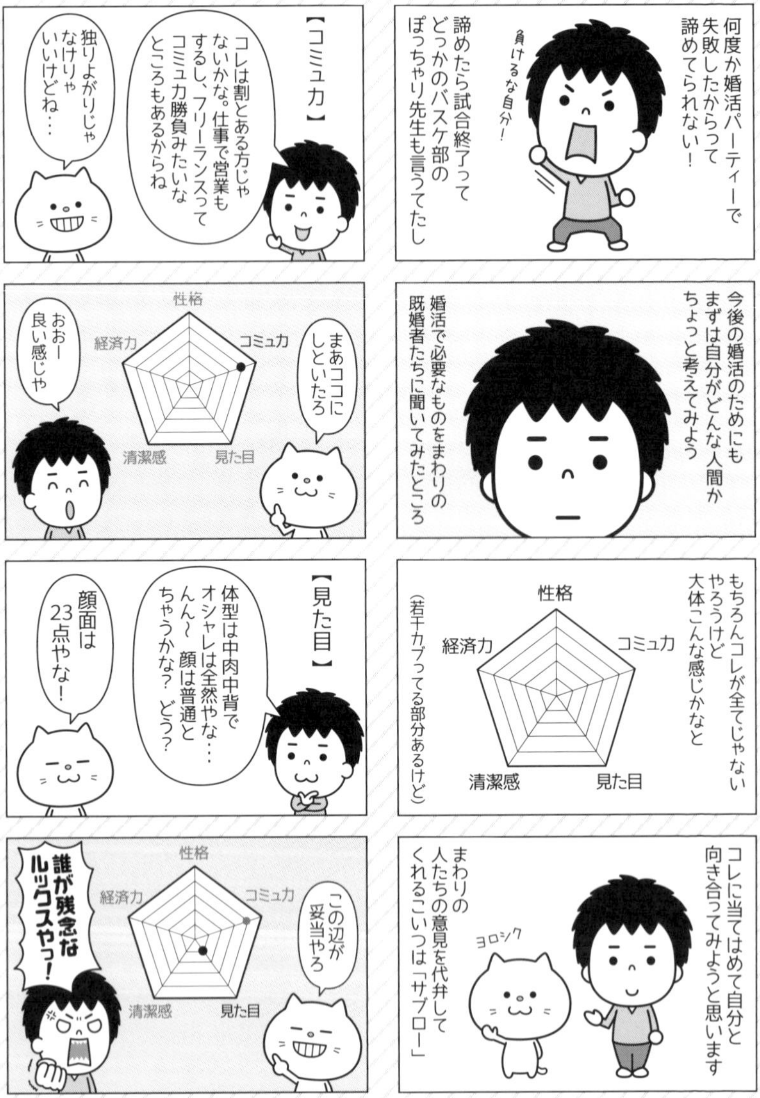

何度か婚活パーティーで失敗したからって諦めてられない！
負けるな自分！
諦めたら試合終了ってどっかのバスケ部のぽっちゃり先生も言うてたし
今後の婚活のためにもまずは自分がどんな人間かちょっと考えてみよう
婚活で必要なものをまわりの既婚者たちに聞いてみたところ
もちろんコレが全てじゃないやろうけど大体こんな感じかなと
性格
コミュ力
見た目
清潔感
経済力
（若干カブってる部分あるけど）
コレに当てはめて自分と向き合ってみようと思います
ヨロシク
まわりの人たちの意見を代弁してくれるこいつは「サブロー」
【コミュ力】
コレは割とある方じゃないかな。仕事で営業もするし、フリーランスってコミュ力勝負みたいなところもあるからね
独りよがりじゃなけりゃいいけどね…
性格
コミュ力
見た目
清潔感
経済力
まあココにしといたろ
おおー良い感じじゃ
【見た目】
体型は中肉中背でオシャレは全然やな…んん～ 顔は普通とちゃうかな？ どう？
顔面は23点やな！
性格
コミュ力
見た目
清潔感
経済力
この辺が妥当やろ
誰が残念なルックスやっ！

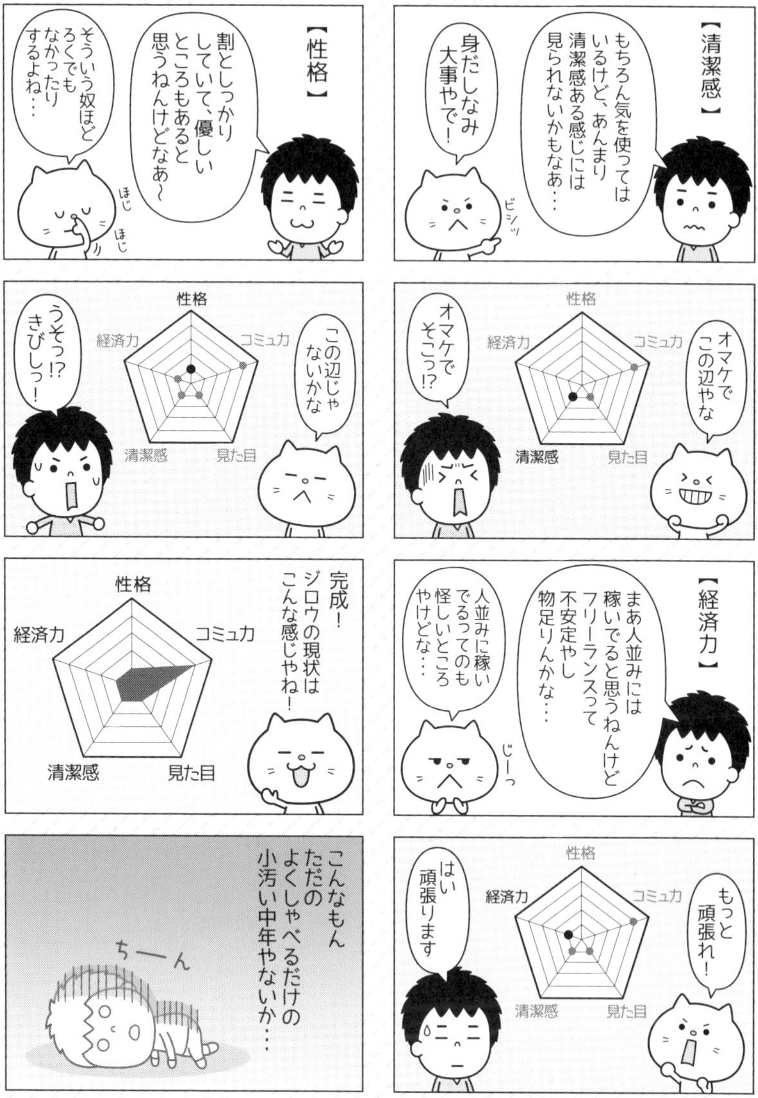
【清潔感】
もちろん気を使ってはいるけど、あんまり清潔感ある感じには見られないかもなあ…
身だしなみ大事やで！
ビシッ
性格
コミュ力
見た目
清潔感
経済力
オマケでこの辺やな
オマケでそこっ!?
【経済力】
まあ人並みには稼いでると思うねんけどフリーランスって不安定やし物足りんかな…
人並みに稼いでるってのも怪しいところやけどな…
じーっ
性格
コミュ力
見た目
清潔感
経済力
もっと頑張れ！
はい頑張ります
【性格】
割としっかりしていて、優しいところもあると思うねんけどなあ〜
そういう奴ほどろくでもなかったりするよね…
ほじほじ
性格
コミュ力
見た目
清潔感
経済力
この辺じゃないかな
うそっ!? きびしっ！
性格
コミュ力
見た目
清潔感
経済力
完成！ジロウの現状はこんな感じやね！
こんなもんただのよくしゃべるだけの小汚い中年やないか…
ちーん

相手の熱量を見誤らない

そもそも 婚活パーティーに
参加してる人の意気込み
というか熱量みたいなもんって
どんな感じなんやろなあ？
どんなもんやろ？
人によって全然違うと思うねん
もちろん皆さんゴールが
結婚ということは
同じなんでしょうけど
ゴ〜ル
※人生のゴールじゃなくて
婚活のゴールね
大きく分けると
左の3つなん
じゃないかな
① 何がなんでも結婚したい！
② 結婚前提でゆっくりお付き合いできる相手を探しに
③ 出会いのきっかけの一つで「良い人いればな〜」ぐらい
この熱量が近い人同士の方が
うまくいく可能性が
高いですよね
例えば細かいことで言うと
パーティー参加費の違いでも
そのときの婚活への熱量が
変わってくるやろうから
（参加料金）
男性 5000円
女性 1000円
※パーティー参加費の一例
できれば男女近い値段の方が
良いのになあと思ったりします
結構な値段だったし絶対に結婚相手見つけてやる!!
やってやる！
お手頃な値段だったし良い人がいればラッキーだな！
➡どちらが良い悪いということではないです
仮に 人として相性が
良かったとしても…
わはは
あはは
熱量に大きく差があると
婚活ではうまくいかない
だろうなと思うわけです
結婚したいー!!
うおぉー
マジかっ!?
こいつ…

2

オタク婚活パーティー

いろいろな婚活編

趣味が共通点

初めての婚活パーティーでやぶれた後 何度か同じ感じのパーティーに参加するもうまくいかず
気を取り直して違うパーティーを探していたところ…
PC
オタクの人 もしくはオタク趣味に理解のある人が集まる
「オタク婚活パーティー」というものを見つけました
こんなのあるんや！
私はオタクというにはヌルいけど 漫画を読むのは結構好きなので
同じ趣味の人がお相手ならうれしいなと 参加することに！
趣味：マンガ
オタク婚活パーティーのプロフィールカードでは
「好きな作品」の欄がある（たくさん書ける）
プロフィール
(名前)
(年齢)
(職業)
(好きな作品)
ちなみに、私はこういうのを書きました（超ミーハー）
(好きな作品)
・巨人が壁を壊すやつ
・メガネ君が自転車乗るやつ
・オレンジ髪のバレーボールなやつ
・忍者だってばよ！ なやつ
・腕が伸びる海賊のやつ
ってことでオタク婚活パーティー開始！

オタク婚活パーティーの場合、
マンガ・アニメ・ゲームなど、ジャンル別のものもあります。

推しへの愛が勝つ

パーティー開始
（参加人数は男女 10対10）
プロフィールカードを交換してお互いの好きな作品を見比べる
はじめまして
自己紹介もそこそこにいきなりアニメや漫画の話に
あの作品のアニメが好きなんですよ！
あのシーンで…
声優が…
あのセリフは…
キャラクターが…
時間終了です
俺、しゃべってない…
スッ
作品に対しての愛は伝わりました

趣味が合う人同士はすごく盛り上がっていました。

「そんなことより」

フリーランスでイラストレーターやってます
へえ〜
(K子さん)
やっぱり婚活じゃフリーランスは敬遠されるかなあ…
…そんなことより…
ん？
そんなこと!?
ステキやん！
フリーランスなこと気にしないなんて！
そんなことよりおすすめのマンガがあるんですよ！
うそっ!?
俺への興味マンガに負けたっ!!

好きなものについて話をするのが
オタク婚活パーティーでは正解！

現在、婚活中…？

自己紹介はそこそこに すぐにマンガの話になりましたが
おすすめのマンガがあるんですよ！
自分も好きなマンガの話題だったので
キャッ キャッ
ワイ ワイ
すごく盛り上がった！
いやぁ 実に有意義な会話ができたなあ〜！
大満足やわ！
ほんまに楽しかった！
これって婚活!?
アニメとマンガの話しかしてないで…

実はこういうときこそ……。

理想と現実

M子さんはものすごく好きなアニメがあるみたいです
あのアニメすごい好きなんですよ〜
私 あのアニメに出てくるキャラクターが理想のタイプなんですよ
…は はい
・・・・・・
ニヤリ
ドヤ顔されてもっ！
どうしたらええねんっ！

二次元と三次元が入り混じってパニック状態……。

「興味ありますか？」

どういったモノがお好きなんですか？
アニメ？ マンガ？
私 団地が好きなんです！
興味あります？
団地!?
…え!?
団地ってあの団地!?
そういうオタクもあるんやな
でも団地についていったい何を話せばいいんだろうか？
んん～…… アカン
全然 興味ない
昔住んでたけど
キョ キョ 興味…あり…ありますよ…
ジロウさんはこういうのが好きなんですね！
他にも好きなモノとかってあります？
ボクシングが好きなんですよ！
興味あります？
キョ キョ 興味…あり…ありますよ…
デジャヴ!?
なんか見たことある気がする
ヘタクソかっ!!

気を遣わせてしまいました。
相手が話しやすい話題を提供するのも大事ですね。

トークタイム終了

女性参加者全員と話し終え
トークタイムは終了
ふぅ～
やっぱり趣味が同じ人とだと話しやすいし楽しかったなあ!
ワイ ワイ
キャッ キャッ
でも他の人に比べて作品とかにあまり詳しくなかったので
へぇ～そうなんですね!
それおもしろそう♪
割と話を聞く側になることの方が多かった気がする
もちろん手応え全くなし・・・
いつも通り!

手応えがあったことなんて、全くないですけどね。

印象チェックタイム

トークタイム後の
印象チェックタイム
婚活パーティーの
アピールカードみたいなもんやな
ふむ
【印象チェックの流れ】
参加者全員に番号がつけられてます
(男性①～⑩番、女性①～⑩番)
↓
気になった相手を3人選ぶ
↓
全員分が集計され
自分のことを誰が気に入ってくれているかと
自分の人気順位がわかります
(順位は異性から指名された数の多い順)
印象が良かったのは やっぱり
話していて楽しかった3人やな
①番 ②番 ⑥番 の人にしよう!
①番 K子さん
②番 N子さん
俺は誰に
選ばれるかなあ?
過去のパーティーで誰にも
選ばれなかった記憶が蘇る…
せめて1人ぐらいからは
選ばれたいなあ…
結果を
配ります!
集計結果が来た!

気に入った人が3人もいない場合は、
1人もしくは2人だけの記入でも大丈夫でした。

【印象チェック結果】
人気ランキング
1位
5名に選ばれました
あなたを選んでくれた人
①②⑤⑦⑨
!
えっ!? ほんまに?
10人中5人も俺を選んでくれたの?
祭りじゃー!!
ワッショイ
ワッショイ
祭
祭
つい取り乱してしまった… まだパーティーは途中だ 浮かれてる場合じゃない
落ち着け! 落ち着くんだジロウ…
ふぅ〜
その顔面を落ち着かせろっ!!
落ち着かないとね
ニヤ
ニヤ

あくまで中間発表。
あまり浮かれすぎず最後まで気を引き締めて!

勝因

自分からはあまり話せなかったのに、こんなに選んでもらえるとは思ってなかった！
ビックリ！
相手の話に興味を持っていろいろ楽しく話を聞けたのが良かったのかな？
（興味持てないこともあったけど…）
そんな設定なんや⁉
めっちゃおもろそう！
自分が印象チェックで選んだ3人の女性のうち2人も私を選んでくれていました
選んでいただけてほんまにありがたいです！
うれしいです
案外
俺ってモテる⁉
キリッ
目が覚めました…
あなたの場合モテないからこの場にいるのです！
急に出てきたな
ペロ
ペロ

自分をアピールするために話しがちな男性もいますが、
「聞く」を意識してはどうでしょう？

フリータイム

さて　次はフリータイム
トークタイムで気になった人と
もう一度話せる時間です
あの人と、もう一度話したいな
男性から気になる女性の席へ
話しかけに行きます
お話よろしいですか？
自分から行かんとアカンのやね…
（女性陣の席）
ちょっと恥ずかしいし
しっかりできるかなあ…
はっ！　ここまで来て
臆してる場合じゃねえ！
積極的に行って
アピールしないと！
がんばるしかない！
うう〜　でもやっぱり
勇気いるなあ…
俺の心は
全くフリーじゃないよ
（→全然うまく言えてない）
もじ
もじ

パーティーによっては、
女性から男性に声をかけるというパターンもありました。

勇気は出したもん勝ち

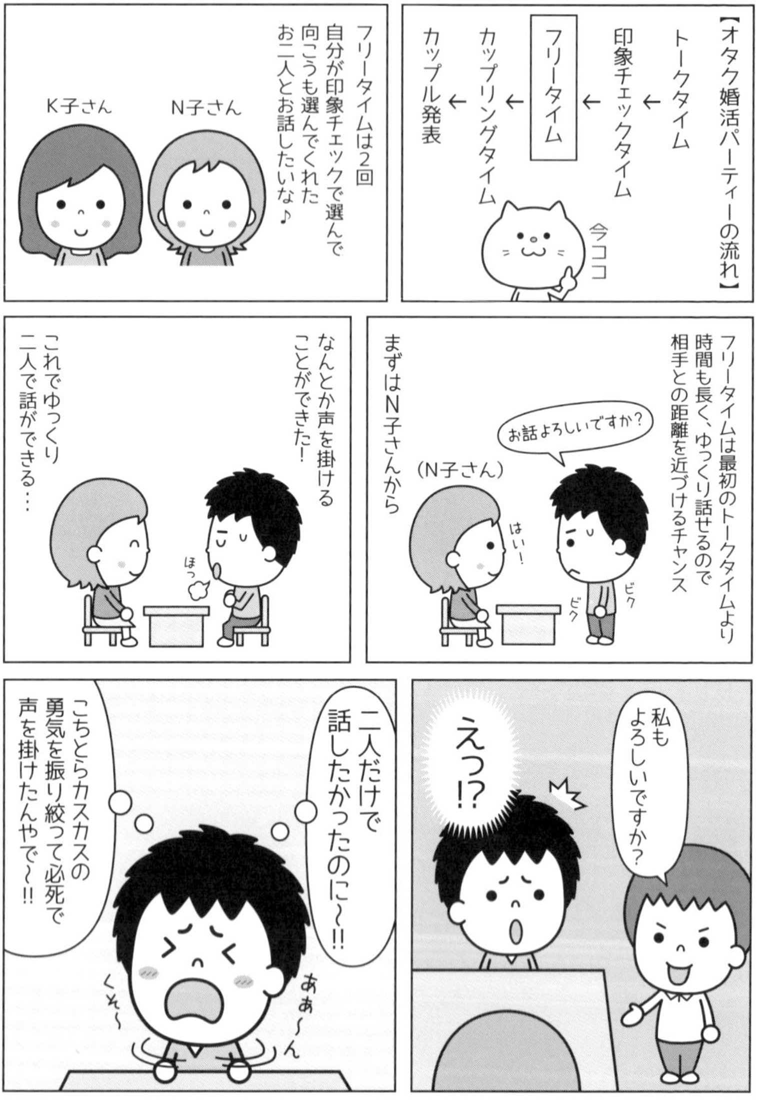
【オタク婚活パーティーの流れ】
トークタイム
↓
印象チェックタイム
↓
フリータイム
↓
カップリングタイム
↓
カップル発表
今ココ
フリータイムは2回
自分が印象チェックで選んで
向こうも選んでくれた
お二人とお話したいな♪
N子さん
K子さん
フリータイムは最初のトークタイムより
時間も長く、ゆっくり話せるので
相手との距離を近づけるチャンス
お話よろしいですか？
ビクビク
はい！
(N子さん)
まずはN子さんから
なんとか声を掛ける
ことができた！
ほっ
これでゆっくり
二人で話ができる…
私も
よろしいですか？
えっ!?
二人だけで
話したかったのに〜!!
こちとらカスカスの
勇気を振り絞って必死で
声を掛けたんやで〜!!
あぁ〜ん
くそ〜

気になる人が誰かと話しているからといって、
遠慮して話さないのは損ですよ！

気遣い

やっぱり3人だとしゃべりにくい気がしてしまうし
2人でしゃべるよりも気は使うよなあ…
T男さん
N子さん
よろしくお願いします!
ジロウさんはご出身はどちらなんですか?
出身は大阪です!
大阪いい所ですよね〜 行ったことあります!
N子さんは休日は何してるんですか?
……
う〜ん…
N子さんのこともっと知りたいけどT男さん全然しゃべってないよなあ…
T男さんはどういう人がタイプなんですか?
えっ!?
なんで俺が男性にタイプを聞いてるねん!
ビックリされてるやん!
違うねん! この場を円滑に進めたかっただけやねん!

その後３人で盛り上がりましたが、
Ｎ子さんはＴ男さんとカップリングしていました。

イメージ

最後のフリータイムはK子さんのもとへ
今回は他の人が来ることなく一対一になれた！
(K子さん)
イラストレーターをされてるんですよね
すごいですね！
えっ！ うれしい反応！
どんなゲームとかアニメでイラストを描いてるんですか？
いや ゲームとかアニメじゃないんですが学習誌とかで挿絵を描いたりしてます
うわぁ～ あきらかにテンション下がったやん…
なんだ 違うのかあ…
イメージしてたイラストレーターと違ったんやろうなあ
カワイイ女の子とかかっこいいロボットとか描けたらモテるかなあ…

オタク婚活パーティーでは、フリーのイラストレーターということを好意的に見てくれる人が多かったです。

単純…

私　コスプレもしていて
イベントとかにも
出てるんですよ！
へぇ～　めっちゃ
興味あります！
コスプレについて　すごく
楽しそうにいろいろ教えてくれて
話も盛り上がった
イベントでは…
あのキャラの
服装は…
自分で
作ったり…
写真も
いっぱいあるんで
また見せますよ！
えっ!?
また・見せる？
また写真を見せる ←
会う機会が必要 ←
もう一度会いたい ←
ジロウのことが気になる ←
カップリングしたい♥
そういう
ことかー!!
こちらこそK子さんと
カップリングしたいです♡
グッ！
誰もそんな話
してない！
フリータイム終了

男の思考回路なんて、こんなものです……。

初めてのカップリング

フリータイムも終わり
残すところ
カップリングタイムのみ
カップルになりたいと思った
女性の名前を3人まで
カップリングカードに書きます
ピシッ!
K子さん
N子さん
よし K子さんとN子さんだ!
向こうも選んでくれてたら
カップル成立やな
決めた!
集計されて
司会の方が結果発表
それでは発表します!
カップルが
成立したのは……
ゴクリ…
ドキ
ドキ
ドキ
ドキ
ジロウさんとK子さん
カップル成立です!
ん?
ジロウさん?
キョロ
キョロ
俺!?
やったあー!!
男性として
興味を持ってもらえるって
こんなにも
うれしいものなんやなあ

初めてカップリングできたときの喜びは想像以上でした!

パーティー後

まだ婚活パーティーでカップリングできただけ。
これからこれから。

またゆっくりゴハン
行きましょうね♪
ドキッ！
連絡先を交換して
その日は解散
また連絡しますね～
幸せな時間を
過ごすことができました
K子さんは
ステキな人だったし
これから仲良くなって
いけたらいいな♪
そして
お付き合いして
いずれは……♡
えへへ

次の予定は

今日のうちに お礼のメールをしておこう
今日はありがとうございました。・・・っと
次の日に返信が来た
K子さん
今日は ありがとうございました。 すごく楽しかったです！
K子さん
私もすごく楽しかったです！ またいろいろ 話しましょうね♪
うれしいな♪
またすぐに誘いたいけど ガツガツしてる感じが 嫌がられないかなあ
でも あんまり日にち 空いて 興味ないって 思われてもイヤだしなあ
いや ここは思い切って すぐに誘ってみよう！
一緒にゴハンでも どうですか？
メール送信！
早くメール 返ってこないかな～♪
K子さんは食べ物 何が好きだろうな～♪
そわ
そわ
この待ってる間のドキドキが 恋ってものなの？
ステキだね、恋って・・・

　お礼のメールはその日のうちにするのが良いと思います。

恋は曲者

オタク婚活パーティーでカップリングしたK子さんからの返事待ち
シーン・・・
次の日
シーン・・・
1週間後
メールきた！
ピコーン♪
K子さん
○月1日
一緒にゴハンでもどうですか？
K子さん
○月8日
彼氏ができました。ゴメンなさい……
カ・レ・シ？
ん？

なんじゃそりゃー!!
なにそれ？どういうこと？
えっ？これで終わり……？
俺「これから仲良くなっていきたいって思ってたよ
こんなにあっさり終わるものなの？
短く切ない恋でした……
オタク婚活パーティー終了

うっすら見えた明るい未来は幻でした……。

立ち上がれ

もう婚活に疲れたよ…
頑張っても
うまくいかないし
身も心もボロボロだ
もう諦めて
ゆっくりしようかな…
いや、まだ諦めねぇー!
迎えに来るなぁー!
くじけてなんていられない!
立ち上がれ〜
ステキな人と出会うために!
今回初めて
カップリングはできた!
少しだけ自信もついた!
次こそは! 次こそは…
ここからさらにいろんな
婚活をしていくことになる
ジロウであった…

この頃は婚活を始めて3カ月目ぐらい。
何度か婚活パーティーに参加し、やっと雰囲気などにも慣れてきました。

カップリング率UPへの道①
会話は2人でつくるもの

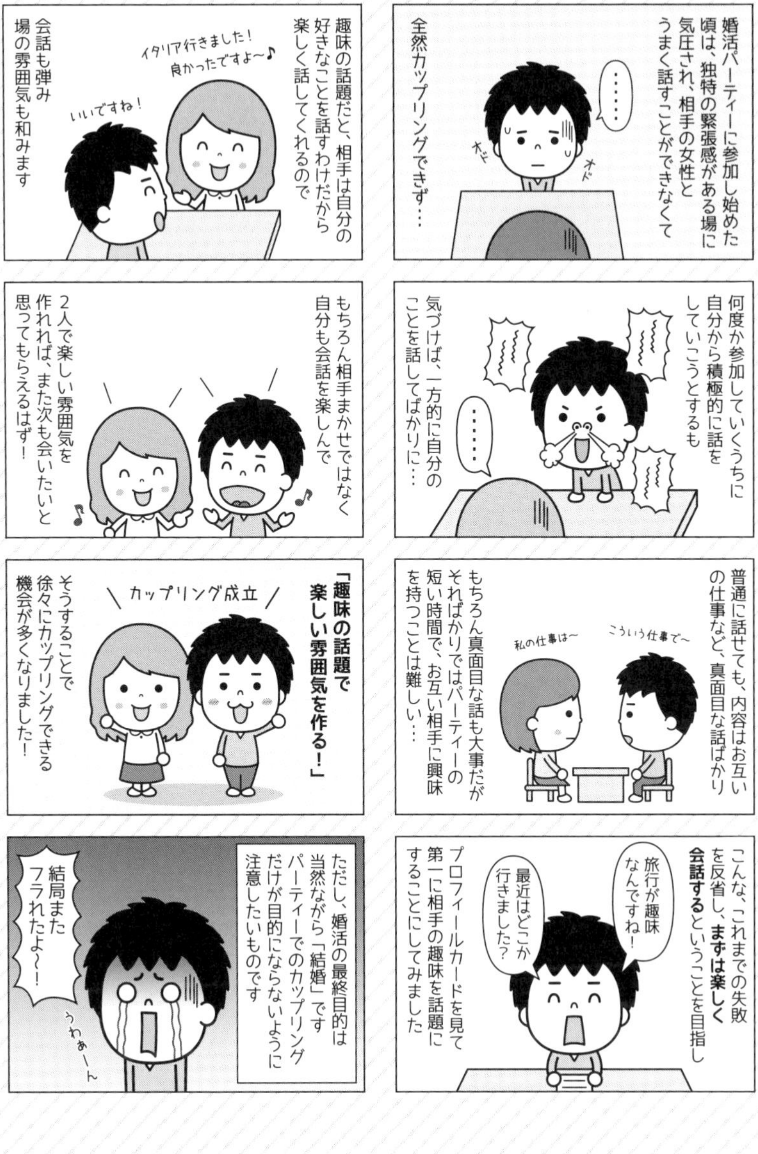
婚活パーティーに参加し始めた頃は、独特の緊張感がある場に気圧され、相手の女性とうまく話すことができなくて
……
オド
オド
全然カップリングできず…
何度か参加していくうちに自分から積極的に話をしていこうとするも
……
気づけば、一方的に自分のことを話してばかりに…
普通に話せても、内容はお互いの仕事など、真面目な話ばかり
こういう仕事で〜
私の仕事は〜
もちろん真面目な話も大事だがそればかりではパーティーの短い時間で、お互い相手に興味を持つことは難しい…
こんな、これまでの失敗を反省し、まずは楽しく会話するということを目指し
旅行が趣味なんですね!
最近はどこか行きました?
プロフィールカードを見て第一に相手の趣味を話題にすることにしてみました
趣味の話題だと、相手は自分の好きなことを話すわけだから楽しく話してくれるので
イタリア行きました! 良かったですよ〜♪
いいですね!
会話も弾み場の雰囲気も和みます
もちろん相手まかせではなく自分も会話を楽しんで
2人で楽しい雰囲気を作れれば、また次も会いたいと思ってもらえるはず!
「趣味の話題で楽しい雰囲気を作る!」
カップリング成立
そうすることで徐々にカップリングできる機会が多くなりました!
ただし、婚活の最終目的は当然ながら「結婚」ですパーティーでのカップリングだけが目的にならないように注意したいものです
結局またフラれたよ〜!
うわぁ〜ん

カップリング率UPへの道②
プロフィールカードは大事なきっかけ

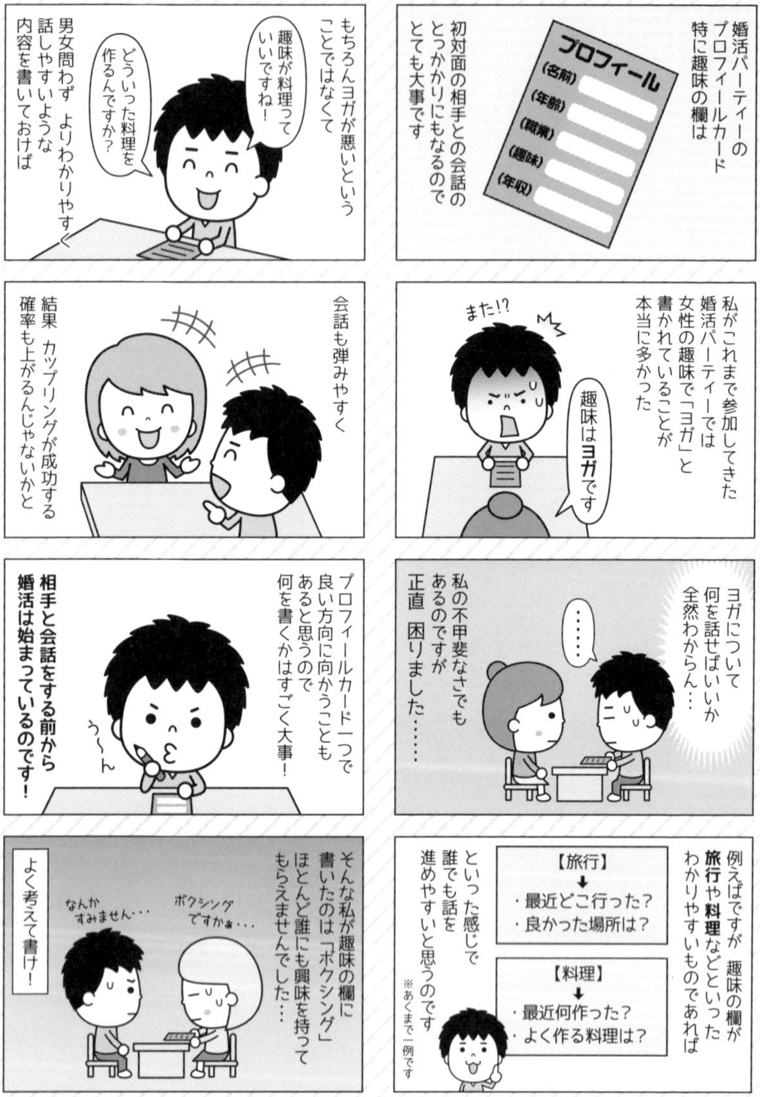

婚活パーティーの
プロフィールカード
特に趣味の欄は
プロフィール
(名前)
(年齢)
(職業)
(趣味)
(年収)
初対面の相手との会話の
とっかかりにもなるので
とても大事です
私がこれまで参加してきた
婚活パーティーでは
女性の趣味で「ヨガ」と
書かれていることが
本当に多かった
趣味はヨガです
また!?
ヨガについて
何を話せばいいか
全然わからん…
……
私の不甲斐なさでも
あるのですが
正直 困りました……
例えばですが 趣味の欄が
旅行や料理などといった
わかりやすいものであれば
【旅行】
・最近どこ行った?
・良かった場所は?
【料理】
・最近何作った?
・よく作る料理は?
といった感じで
誰でも話を
進めやすいと思うのです
※あくまで一例です
もちろんヨガが悪いという
ことではなくて
趣味が料理っていいですね!
どういった料理を作るんですか?
男女問わず よりわかりやすく
話しやすいような
内容を書いておけば
会話も弾みやすく
結果 カップリングが成功する
確率も上がるんじゃないかと
プロフィールカード一つで
良い方向に向かうことも
あると思うので
何を書くかはすごく大事!
う〜ん
相手と会話をする前から
婚活は始まっているのです!
そんな私が趣味の欄に
書いたのは「ボクシング」
ほとんど誰にも興味を持って
もらえませんでした…
ボクシングですかぁ…
なんかすみません…
よく考えて書け!

3

婚活カフェ

いろいろな婚活編

婚活疲れ

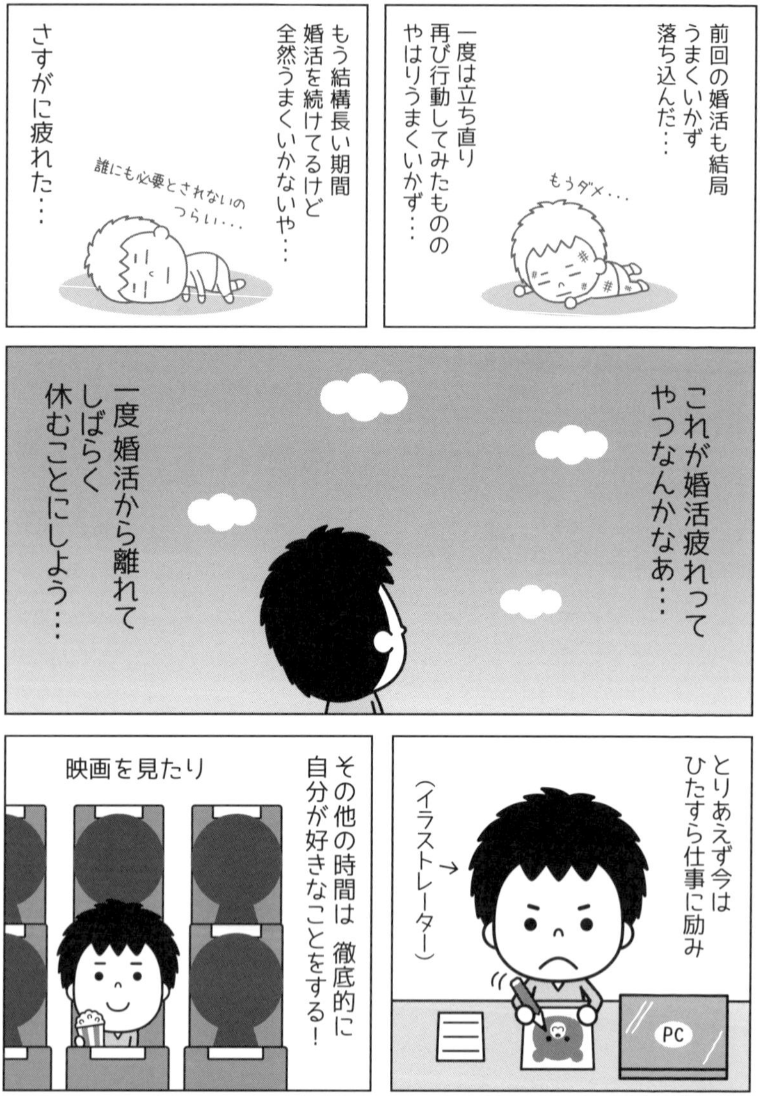
前回の婚活も結局
うまくいかず
落ち込んだ…
もうダメ…
一度は立ち直り
再び行動してみたものの
やはりうまくいかず…
もう結構長い期間
婚活を続けてるけど
全然うまくいかないや…
誰にも必要とされないの
つらい…
さすがに疲れた…
これが婚活疲れって
やつなんかなあ…
一度婚活から離れて
しばらく
休むことにしよう…
とりあえず今は
ひたすら仕事に励み
(イラストレーター)
PC
その他の時間は 徹底的に
自分が好きなことをする！
映画を見たり

私が婚活疲れに陥った頃、
多いときは週4回婚活パーティーに参加していました。
それでうまくいかないと、落ち込みます……。

リフレッシュは大事

時間を忘れて
好きな漫画を読んだり
ゲームをしたり
ピコ
ピコ
運動して汗を流したり
ストレス発散！
おりゃ！
趣味に没頭！
婚活というところから
一切離れてみて
自分の時間を満喫する！
フリーダム俺☆
そんな日々を続けていると
婚活による精神的な
疲れも少しずつ
なくなっていき…
数カ月後…
やっぱりさびしい〜！
彼女欲しいし結婚もしたい〜！
婚活疲れは
すっかり癒えていました

聞けば、男性も婚活疲れに陥ったという人はたくさんいました。
そんなときは無理せず休んで、リフレッシュしましょう！

婚活に愛はない？

婚活していることを知人に話すと
知人A
婚活って 結婚することだけが目的になっていて条件だけで相手を選んでそこに愛がない気がする
みたいなことを何人かの人に言われました
どうやら婚活に対してあまり良いイメージを持っていない人もいるみたいです……
う～ん…
いやいや ちょっと待って！婚活で出会った人には心ときめかないのか？そんなことはないやろ！
そんなことない！
出会いが婚活であろうとも胸キュンな恋愛を経てステキな結婚はできるはず！
婚活は結婚できる相手を探すんじゃない
結婚したい相手を探すものやねん！
35歳男子の乙女心
そう思ってます

婚活再開

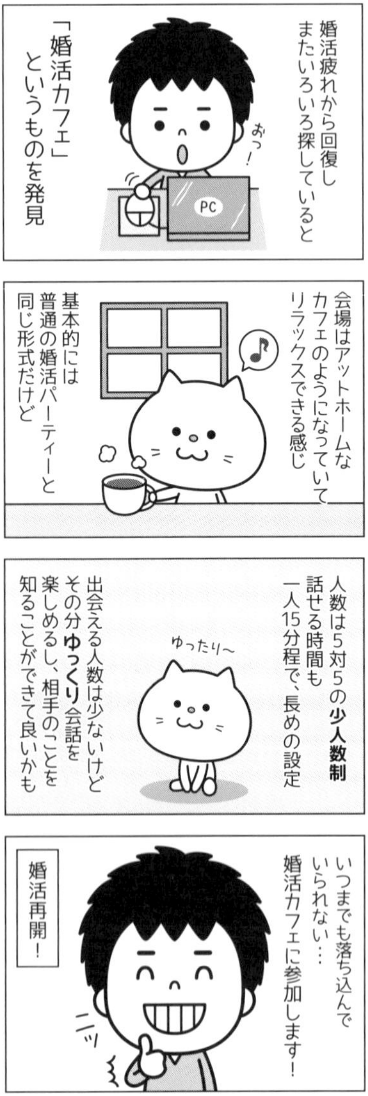
婚活疲れから回復しまたいろいろ探していると
おっ！
PC
「婚活カフェ」というものを発見
会場はアットホームなカフェのようになっていてリラックスできる感じ
基本的には普通の婚活パーティーと同じ形式だけど
人数は5対5の**少人数制**話せる時間も一人15分程で、長めの設定
ゆったり～
出会える人数は少ないけどその分**ゆっくり**会話を楽しめるし、相手のことを知ることができて良いかも
いつまでも落ち込んでいられない…婚活カフェに参加します！
婚活再開！
ニッ

婚活といっても最初の出会い方が違うだけで、
普通の恋愛と一緒だと思ってます。

かみ合ってない

ニコニコしていて感じの良い人だな…
はじめまして
この前こういうことがあってんけど…
俺の話にもすごく笑ってくれて嬉しいな♪
あはは
ほんだら実は…○○ってことやってん!
あははは!!
関西弁がおもしろい!
ぎゃははは!!
どこで笑ってんねんっ! 話の内容関係ないんかいっ!!

去り際の挨拶

E子さんとは話も弾み
いろんな話ができた
時間終了です
楽しい時間はあっという間だ
もう少し話したかったなあ
それではお元気で!
えっ!?
「お元気で!」って
ず――ん・・・
それ 二度と会う気ない言い方やん・・・

婚活カフェはパーティーと比べて、
落ち着いた雰囲気の人が多い印象でした。

会話が続かないとき

婚活カフェでは一人の人と15分間話ができます
普通の婚活パーティーと比べると随分と長めの設定です
この15分間　相手の方と楽しく話せている時はあっという間で幸せな時間
ワイ　ワイ
ワイ　ワイ
しかし　相手の方とどうにも相性が合わず話が弾まない時は・・・
え〜っと・・・
あっ　はい・・・
気まずくて果てしなく長く感じる地獄のような15分間
（体感時間は２時間以上）
……
……
話の弾まないこの状況　相手はどう思ってるんだろう？
……
もしかしたら・・・
もう少し気の利いた会話はできねえのかよ？
そんなことだから結婚できねえんだよ！
フリーなんて　どうせクソ貧乏なんだろ！
テメェの顔見てから出直してきなっ！
全部、被害妄想です
あわわわ・・・
？　？

無理に会話を弾ませようとしなくても大丈夫ですが、
事前に話題を用意しておくのも良いかもしれません。

ドン引き

F子さんは
某ネズミのキャラの
テーマパークが
大好きみたいです
私 あの場所ホントに
好きなんですよ!
何回遊びに行っても
楽しいですよね♪
今まで縁がなくて
実はまだ一度も行った
ことないんですよ
東京にもう何年も
住んでるんですけどね
ポリ ポリ
うそっ!?
ドン引き
してるやん!

そんな人いてるんですね なんかヒくわ〜…
あっ ハッキリと口に出して言われた…
じゃあ 案内してくれませんか♪ 今度一緒に行きましょう!
いやっ それはちょっと…
いきなりは…
休む間もなく 2度目のドン引き!!
初対面で某ネズミのキャラのテーマパークに誘うのはおかしいよね…
すみません……
うん 軽率でした……

その後、F子さんとではありませんが、某テーマパークに行く機会がありました。
めちゃめちゃ楽しかったです。

採用面接

婚活カフェでは
主催側が用意している
メモ用紙もありますが
その人は
自前のメモを持っていました
会話の最中にも
自前のメモに
ひたすら何か書いている
そして　質問攻め！
出身は？
兄弟いますか？
休みの日は？
料理ってします？
タバコは吸いますか？
お酒は飲みますか？
ギャンブルは？
ピシッ！
うぅ…なんだか面接を
受けてるみたいだ…

まぶしすぎる女性

P子さんは一目見て
全身華やか
聞けば　ジュエリーの
販売のお仕事をしている
そうで…なんか納得
気さくな方で
楽しく話せはしたけど
まぶしい！
なんだか存在が
まぶしすぎる…
良いジュエリーとか
着けてるんだろうなあ
服装も
お高いん
だろうか？
ゴハンも常に
良いお店行ったり
するんだろうなあ
どういう所で遊んだり
するんだろう？
ダメだ…
自分ほどの人間では
こんな人と釣り合う
はずがない…
私なんかには
もったいのうございます
情けない…
一人で勝手に
自己嫌悪…

相手のことを知って判断することは大切ですが、
自分も判断される側であるということも忘れないでおきましょう。

いけずなメッセージ

婚活パーティーと違って、
その場でカップル発表がないというのは少し気が楽です。

あとは一人で
封筒を開けるのみ
カードもらえてるかなあ？
誰からももらえてない
なんてことも…
そわ
そわ
さあ開封…
入ってますように！
やったー！！
1枚入ってた！
女神がいたぞー！！
E子より
「お元気で！」って言われたのに！
しかもE子さんからだ！
あれ？
このカード
連絡先が
書いてないぞ…
書き忘れ？
あっ！ でも
何かメッセージは
書いてある…

後で聞いたら、参加女性全員にカードを渡している男性もいました。

E子より
ジロウさんに良い人が
見つかりますように♡
お元気で！
連絡先（　）
なんてやさしい人なんだ…
俺のために…
って、なるかーーっ!!
婚活カフェ終了

悪意がないのはわかってます！　わかってますが……（涙）。

4

婚活サイト

いろいろな婚活編

婚活サイトに登録

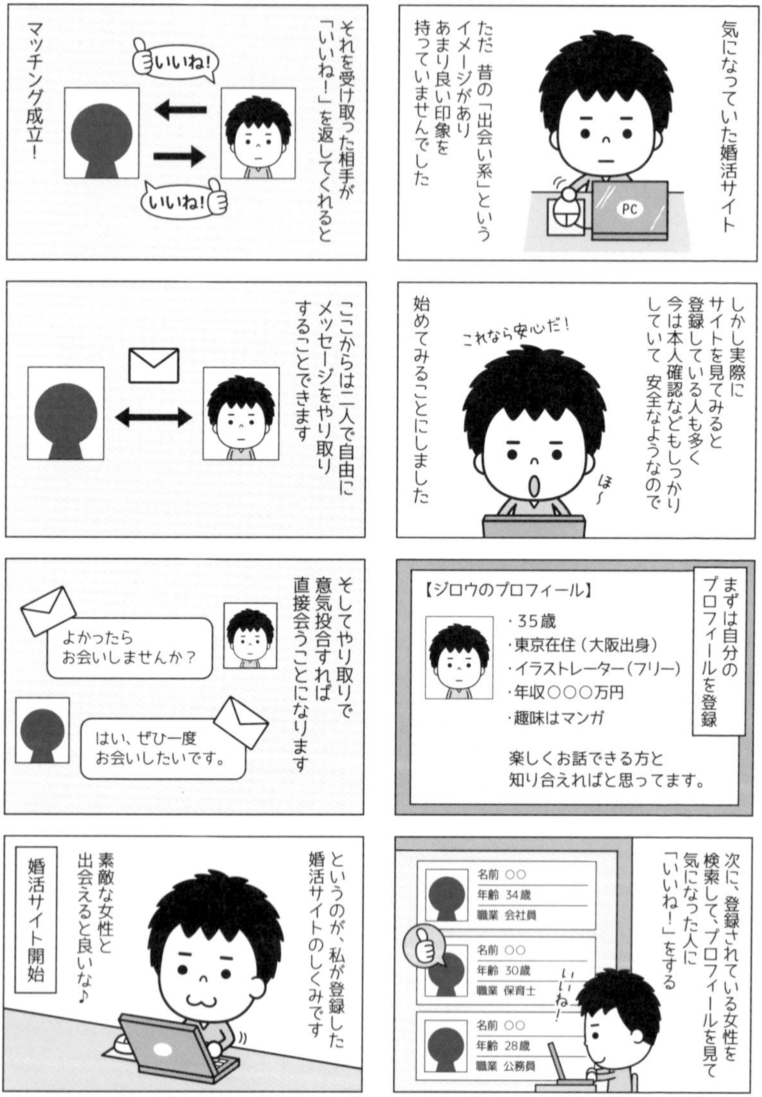
気になっていた婚活サイト
ただ 昔の「出会い系」という
イメージがあり
あまり良い印象を
持っていませんでした
PC
それを受け取った相手が
「いいね！」を返してくれると
いいね!
いいね!
マッチング成立！
しかし実際に
サイトを見てみると
登録している人も多く
今は本人確認などもしっかり
していて 安全なようなので
これなら安心だ！
ほ〜
始めてみることにしました
ここからは二人で自由に
メッセージをやり取り
することできます
まずは自分の
プロフィールを登録
【ジロウのプロフィール】
・35歳
・東京在住（大阪出身）
・イラストレーター（フリー）
・年収○○○万円
・趣味はマンガ
楽しくお話できる方と
知り合えればと思ってます。
そしてやり取りで
意気投合すれば
直接会うことになります
よかったら
お会いしませんか？
はい、ぜひ一度
お会いしたいです。
次に、登録されている女性を
検索して、プロフィールを見て
気になった人に
「いいね！」をする
名前 ○○
年齢 34歳
職業 会社員
名前 ○○
年齢 30歳
職業 保育士
いいね！
名前 ○○
年齢 28歳
職業 公務員
というのが、私が登録した
婚活サイトのしくみです
素敵な女性と
出会えると良いな♪
婚活サイト開始

恋人探しのデート目的のものというよりも、
ちゃんと婚活目的のものを選びました。

無限の出会い

婚活サイトでは、住まいや年齢・職業・趣味などいろんな条件で女性を探すことができるので
まずは自分がどういう人と出会いたいかを決めないとだな
うーん
決めた！　まずはこんな感じで探してみよう
・東京近辺に在住
・28歳〜38歳ぐらい
・マンガ好き
自分の望む条件の人を探せるのは、婚活サイトの良いところだな
検索開始！
カチャ カチャ
検索の結果、126名の女性がヒットしました。
うおっ！100人以上出てきたよ！
世の中にはこんなにも自分の探している条件に合う女性がいるのか！
希望が湧いてきたよ☆

顔写真は考えて選ぼう

どんな人がいるか見ていこう！
わくわく
やっぱり顔写真は気になるなあ♪
写真が遠い
誰かわからん！
真顔でマスク姿
なんか怖い！昔の暴走族か！
アニメのコスプレ写真
まず、元のお前を知らん!!

他にも子供の頃の写真にしている人などもいましたが、
現在の本人の顔がハッキリわかるような写真にしましょう！

“いいね！”量産

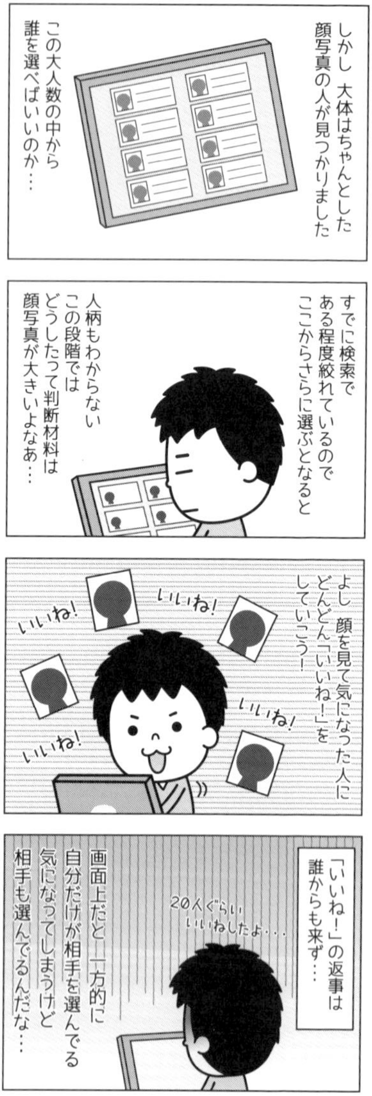

しかし 大体はちゃんとした顔写真の人が見つかりました
この大人数の中から誰を選べばいいのか…
すでに検索である程度絞れているのでここからさらに選ぶとなると
人柄もわからないこの段階ではどうしたって判断材料は顔写真が大きいよなあ…
よし 顔を見て気になった人にどんどん「いいね！」をしていこう！
いいね！
いいね！
いいね！
いいね！
「いいね！」の返事は誰からも来ず…
20人ぐらいいいねしたよ…
画面上だと一方的に自分だけが相手を選んでる気になってしまうけど相手も選んでるんだな…

サイトでの判断材料

これは画面上だけのバーチャルでもなんでもなくリアルな婚活なんだ俺は真剣に婚活している！
アカン！
アカン！
軽い気持ちで顔だけで選んでちゃダメだ
プロフィールもしっかり見て文面から人柄を判断して価値観が合いそうな人を必死で選ばなければ！
うぐ〜！
だけどその前に選ばれる側として考えたとき俺はどうしたら返事をもらえるかも考えないと
むむ〜
女性は男性側の何を見て「いいね！」を返す判断をしているんだろうか…
どうせ女性は男を顔で選ぶんでしょ？
ちぇっ！
イケメンがいいんでしょ…
どの口が言う!!

こんなふうにライトに「いいね！」を送ってしまう男もいます(反省)。

はやる気持ちは抑えよう

婚活サイトに登録してから
初めてのメッセージの
やり取りがうれしかった♪
はじめまして、ジロウです。よろしくお願いします。
こちらこそよろしくお願いします。いろいろやり取りできたらうれしいです。
そこから2、3度やり取りした段階で
カチャ
カチャ
まだ相手のことを全然知らなかったが
お会いすれば、どういう人かわかるかなと思いお誘いのメッセージを送った
送信！
PC
よかったら一度お会いしませんか？
お会いするのは、もう少しジロウさんのことを知ってからがいいです…
そりゃそうだ…
浮かれて焦りすぎた…

見た目の印象

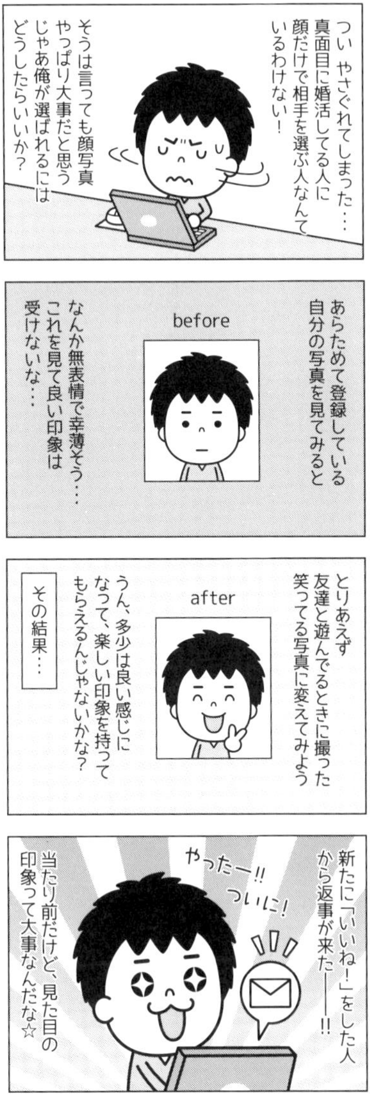
つい やさぐれてしまった…
真面目に婚活してる人に顔だけで相手を選ぶ人なんているわけない！
そうは言っても顔写真やっぱり大事だと思う
じゃあ俺が選ばれるにはどうしたらいいか？
あらためて登録している自分の写真を見てみると
before
なんか無表情で幸薄そう…
これを見て良い印象は受けないな…
とりあえず友達と遊んでるときに撮った笑ってる写真に変えてみよう
after
うん、多少は良い感じになって、楽しい印象を持ってもらえるんじゃないかな？
その結果…
新たに「いいね！」をした人から返事が来た——!!
やったー!!
ついに！
当たり前だけど、見た目の印象って大事なんだな☆

相手のことがまだよく分かっていない状況で、
直接会うのは抵抗ありますよね……。

サイトトラップ①

結局、返事も途絶えてしまった…
すぐに会おうとしすぎたよ… 反省…
婚活サイトなんだからまずはメッセージでお互いのことを知らないとだな
今度は焦らず慎重に
次に「いいね！」の返事をくれたのはY子さん
（プロフィール）
名前 Y子
年齢 32歳
職業 会社員
趣味 マンガ
マンガ好きな方と仲良くなれれば嬉しいです！
お互い趣味が同じなので最初はマンガ話で盛り上がる
Y子さんはどういうマンガを読むんですか？
私は○○って作品が好きなんですよ♪
○○、僕も読みました。おもしろいですよね！
ジロウさんのおすすめマンガはなんですか？
といった感じで趣味や仕事のことなどお互いのことを質問し合ったりしながら少しずつ距離を縮め
メッセージは一日に2、3通ほど2週間ぐらい 毎日楽しくやり取りをしました
お誘いしてみよう！
お互い相手のこともある程度知れたと思うしそろそろ直接会っても大丈夫なんじゃないかな？
よかったら一緒にお茶でもしませんか？
はい、ぜひ！お茶しましょう！
やったー!! やっと会うことができる！
はっ！ 待てよ… なんかトントン拍子にうまくいきすぎてない？ 婚活サイトって本当に問題なく会えるのか？
これはもしかして…
怖いお兄さんなんかが出てきたりする可能性も…
俺の女に手を出すとはいい度胸だな!!
ち、ちが…
ガタ
ガタ
考えすぎ！

1カ月ぐらいでおよそ5人の方とマッチングして、
やり取りすることができました。

サイトトラップ②

これまでのやり取りで感じたY子さんのイメージはすごく明るく元気でよくしゃべる！といったものだ
こんなイメージ
写真でも良い笑顔だったしきっと楽しい人なんだろうな！会うのが楽しみだ♪
約束の日
はじめまして！
メッセージで会話をしていたとはいえ 会うのは初めてお互い緊張からかどこかギクシャク…
お茶をして落ち着くもY子さんはとても物静か
会話はするがあまり盛り上がりはしない…まだ緊張してるのかなあ…
もっと会話を弾ませたいなと頑張って話すが Y子さんは相変わらず口数少なめ
態度が悪いとか やる気がないというわけではなくこういう性格なんだろうな
今回はお茶をするだけだったので時間も短く
今日はありがとうございました
そのまま淡々と会話して終わってしまった…
思ってたイメージと全然違ったーー!!
メッセージでは楽しく盛り上がれたんだけどなあ…俺が勝手に相手のイメージを作ってしまってただけだ…
メッセージのやり取りと実際会って話すのでは全然違うもんやね…
実際はこうかもしれないし…
イメージと違う……
イメージと違う……
婚活サイト難しいです…

何度もやり取りしていたので安心感はありましたが、
婚活サイトで人と会うのは初めてだったので緊張しました。

女心は難しい

次にサイトを通じてお会いすることになったのはS美さん
（プロフィール）
名前 S美
年齢 36歳
職業 看護師
趣味 旅行・ヨガ
真剣に婚活されている方と出会えればと思ってます。
初対面、多少緊張はしたものの
はじめまして！
すでにメッセージである程度仲良くなっていたおかげで
（勝手なイメージも作らず！）
最初から敬語もなしで楽しくワイワイ話すことができ
わはは！
翌週にまた会う約束もすることができた
わっ！ 来週のその日私ちょうど誕生日だ！
そうなん？ それはお祝いしないとね！
いやいやいや そういうのしなくて大丈夫だよ！
私 お祝いされるのとかすごい苦手だから！

気を遣ってるとか、遠慮してるって感じではなく、
ほんとに嫌がっているように見えたのですが……。

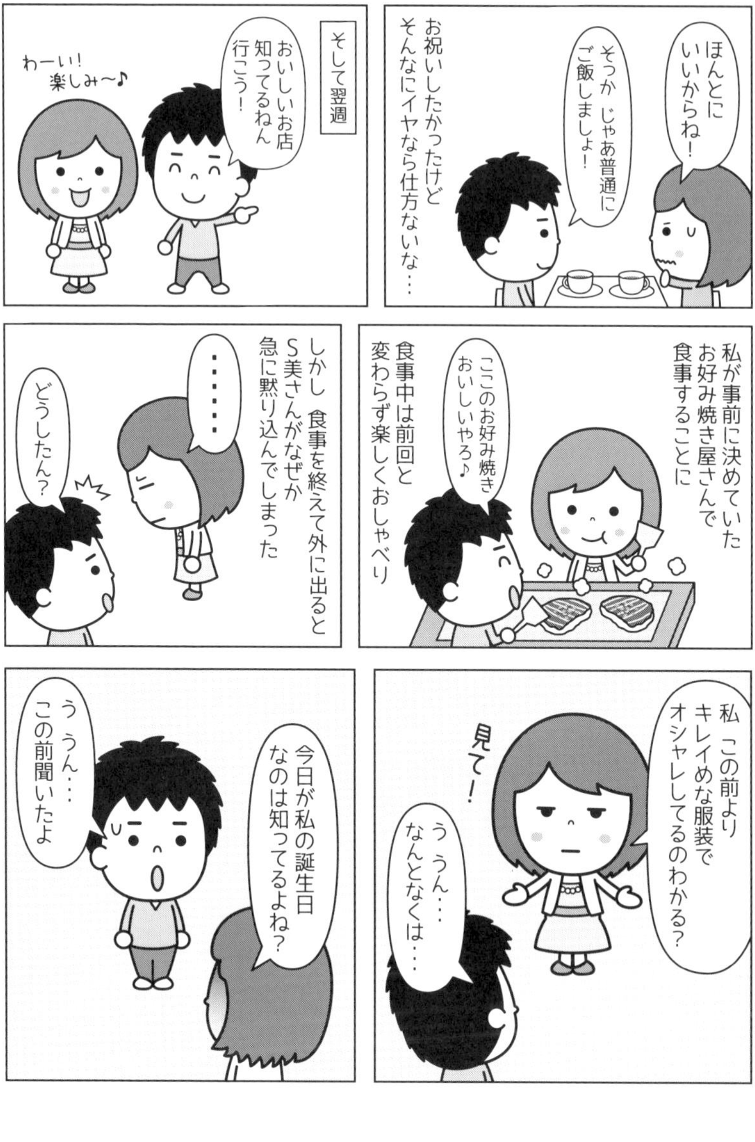

ほんとにいいからね!
そっか じゃあ普通にご飯しましょ!
お祝いしたかったけどそんなにイヤなら仕方ないな…
そして翌週
おいしいお店知ってるねん行こう!
わーい! 楽しみ〜♪
私が事前に決めていたお好み焼き屋さんで食事することに
ここのお好み焼きおいしいやろ♪
食事中は前回と変わらず楽しくおしゃべり
しかし 食事を終えて外に出るとS美さんがなぜか急に黙り込んでしまった
……
どうしたん?
私 この前よりキレイめな服装でオシャレしてるのわかる?
見て!
う うん… なんとなくは…
今日が私の誕生日なのは知ってるよね?
う うん… この前聞いたよ

じゃあ なんでお好み焼き屋!?
誕生日感ゼロ!
キレイな服に匂いが付くじゃない!
なんでお祝いしてくれないの!!
え――――――――っ!!
サプライズされるかなってちょっと期待してたよ!
イ、イヤ・・・特に用意は・・・
S美さんは怒ってそのまま帰っていきました・・・
お祝いされるのイヤがってたやん・・・
女心わかんねえ……
婚活サイト 終了

せめて、キレイな格好をしているのに気づいてたのなら、
お店は変えるべきだったかも……（反省）。

5

お料理合コン

いろいろな婚活編

たこ焼き婚活パーティー

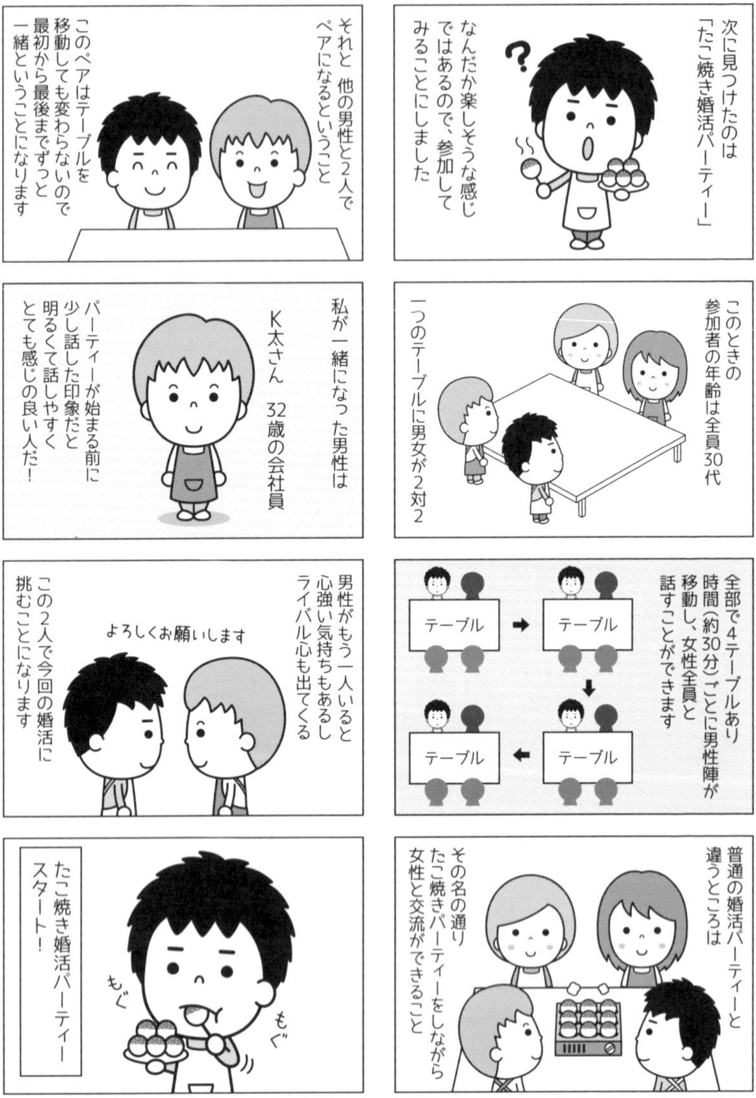
次に見つけたのは
「たこ焼き婚活パーティー」
なんだか楽しそうな感じではあるので、参加してみることにしました
このときの参加者の年齢は全員30代
一つのテーブルに男女が2対2
全部で4テーブルあり時間(約30分)ごとに男性陣が移動し、女性全員と話すことができます
テーブル
テーブル
テーブル
テーブル
普通の婚活パーティーと違うところは
その名の通りたこ焼きパーティーをしながら女性と交流ができること
それと 他の男性と2人でペアになるということ
このペアはテーブルを移動しても変わらないので最初から最後までずっと一緒ということになります
私が一緒になった男性は
K太さん 32歳の会社員
パーティーが始まる前に少し話した印象だと明るくて話しやすくとても感じの良い人だ!
男性がもう一人いると心強い気持ちもあるしライバル心も出てくる
よろしくお願いします
この2人で今回の婚活に挑むことになります
たこ焼き婚活パーティースタート!
もぐ
もぐ

似た形式のパーティーではほかにも、
パンケーキパーティーやお酒の飲み比べをするパーティーなんかもあって悩みました。

たこ焼きトラップ

たこ焼きパーティーが始まり
ワイ ワイ
キャッ キャッ
まずは4人でたこ焼き作り
共同作業で自然と盛り上がり
くる くる くる くる
雰囲気はワイワイ賑やか
4人もいれば気も楽で
完成!
パチ パチ
婚活パーティー独特の
ピリピリ感もなく
みんなリラックスしている
そして できたたこ焼きを
食べながらおしゃべり
んまー
うん これは楽しい!
今回は良い感じで
女性と出会えて
うまくいきそうな気がする!
なんかこういうの
楽しいですね
楽しいですね～
しかし 会話している途中…
んぐっ!!
どうしました?
ヤヤバイ…!
たこ焼きが気管に入っ…
ブフォ!!
ゴホッ!
ゲホッ!
今回も
ダメかもしれない……

一対一じゃないというところが気も楽だし、
楽しく婚活ができてすばらしいです!

大阪人もいろいろです

30分後 時間が来たので
次のテーブルへ移動
はじめまして!
よろしくお願いします
さて 仕切り直しだ
軽く自己紹介をすませた後
ジロウさんって関西弁ですよね 関西の方なんですか?
はい 大阪出身です
大阪の人だったらたこ焼き作るの上手なんじゃないですか?
期待してますね!
いや 僕は不器用なんで全然上手に作れないんですよ…
苦手で…
なんかスミマセン…
またまた~ 大阪人なのにそんなわけないでしょ!
いや ほんまに…
ナンデヤネン! (変なイントネーション)
イラッ!
大阪人が全員たこ焼き上手に焼けると思うなよ!
ツッコミも腹立つ!
不器用な大阪人もおるっちゅうねん!
イラ
イラ
たこ焼きを焼けない大阪人は、婚活する資格もない結婚不適合者って言うのか——!!
そこまで言ってない!
ちょっと泣いてる

テーブルを移動する度に、一からみんなでたこ焼きを作ります。

付き添い

気を取り直して次のテーブルへ
すごく仲が良い様子の女性２人と一緒になった
お二人 仲良いですね！お知り合いなんですか？
はい 友達です この子が一人じゃ不安って言うので、私も一緒に付いてきちゃいました
そうなんです
今回に限らず婚活パーティーに友達同士で来ている女性をたまに見かけます
一人で参加するのが不安？
うん それは分かります
不安ですよね
でも 婚活ですよ…
友達と一緒……？
体育館裏での告白に一緒に付いてきてもらう中学生か！
ビシッ！
そして そこの本気で婚活する気もないのに参加している付き添い女子！
ビシッ！
たいしてやる気のないお前が参加することで本気で婚活している女性の参加者が一人減ってるんやぞ！
参加男性全員分の出会いを一つ奪ってるってことだ！それをわかってんのかー!!
ジロウさん たこ焼きできましたよ
どうぞ！
えへへ！
あ ありがとうございます〜♡
デレ
デレ
単純…

男性も付き添いで来ている人がいますが、
付き添いの方は乗り気でないことが多い気がします。

好きなタイプを芸能人で言うと？

最後のテーブルへ移動
K太さん（32歳）
ここまでいろいろあったが毎回K太さんの明るい性格のおかげで場が盛り上がり
くる
くる
くる
くる
私も楽しみながら女性と交流できている
今回のパーティーではK太さんにすごく助けられた！
最後のテーブルでの話題は好みのタイプについて
K太さんの好きなタイプは芸能人で言ったら誰ですか？
う〜ん
こういう質問の答えって難しいよなあ…
俺の好きなタイプはアイドルの○○ちゃんです！
…えっ!? あのアイドルってたしか10代じゃなかった？
参加者全員30代のこの婚活の場でその答えは大丈夫!?
やっぱり女性陣若干引いてるよ…
好きなのは全然良いと思うけど もう少し場に合わせた答えの方が良かったのでは…？
ここはフォローせねば！
好きな理由は…
たこ焼きできたんじゃない？ 食べよ！ 食べよ！
そ そうだね！
話をぶった切ってしまったな…
ギロッ!!
ご ごめんなさい……

ビジュアルじゃなくて、
性格について質問されるほうが答えやすいと思います。

男同士の連携プレー

フォローのつもりだったけど怒らせてしまったな…
K太さんのことは気になるが 今は婚活中 まずは自分のことだ
チラッ
そう思い その後はなんとか正面のF美さんと二人でゆっくりと話すことができた
(F美さん)
そこで たこ焼きを囲んでのトークタイムは全て終了
4つのテーブルを全部回り終えた
時間終了です!
パチ パチ
最後は 参加者全員が自由に連絡先を交換できるフリータイム
ワイ ワイ
ガヤ ガヤ
俺もF美さんと連絡先を交換したいが こういうフリータイムで 自分から声をかけるには 勇気がいるなあ…
根性なし
まごまご
まごまご いつまでも勇気を出せず 一人でいると……
ジロウさんと F美さん 連絡先交換したら どうですか?
えっ!?
K太さん〜!!
ありがとう!
もう怒ってないうえに キューピット役まで… どんだけ良い人やねん!!
K太さんのおかげで F美さんと連絡先も交換でき 無事に終了
メールしますね♪
途中いろいろあったが たこ焼き婚活パーティー とても楽しかった!

婚活パーティーでの同性は、ライバルであり戦友でもあります。

戦友

解散後
よかったら今から ちょっと飲みませんか?
いいですね〜!
K太さんと飲みに行くことに
おつかれさまでした 婚活パーティーって 疲れますよね
ほんまに…
もう ヘトヘトです…
俺 婚活頑張ってるんですけど 全然ダメで…
今回は どうかな〜
俺も全然です…
ツライ…
婚活って 難しいなぁ〜
でも今日は 場を盛り上げてくれたり F美さんと連絡先交換する のを サポートしてくれたり
K太さんにすごく 助けられましたよ!
ジロウさんとF美さん すごく良い感じでしたね!
雰囲気 良かったです
ほんまに!?
だとしたら K太さんの おかげですよ!
よし じゃあ今日 家に帰ったら早速 お誘いしてみます!
頑張ってください! 応援してます!
絶対うまくいきますよ!
ジロウさんの成功を 祈ってます!
ありがとう! 頑張ります!
俺 今回はうまくいく ような気がしてきました!!
帰宅後 F美さんに 送ったメールは 何日経っても既読にも なりませんでした……
K太さーーん!!
たこ焼き婚活パーティー 終了

パーティー後、男同士で仲良くなることもよくありました。
「婚活を成功させるには?」をテーマに語り合ってました。

結婚って良いもの？

私が婚活中なこともあってか
ネットを見たり
周りの知人と
話したりしていると
結婚なんて良いものじゃない
みたいなことや…
結婚なんてしない方がいい
みたいな
「結婚」というものに対して
否定的な意見を
たくさん目や耳にしました
そんな意見を
見たり聞いたりしていると
結婚というものに対して
ネガティブな
気持ちになってきた……
はぁ～
そのことを友人に話すと…
結婚って良いものじゃないの？
（結婚10年目）
↓
それは「結婚」が悪いものなんじゃなくて
「その発言をした人の結婚」が良いものじゃないだけでしょ？
!!
なるほど！
結婚して幸せな人はいっぱいいるよ！
!!
たしかに!!

結婚への意欲が湧きました！

お料理合コンに参加

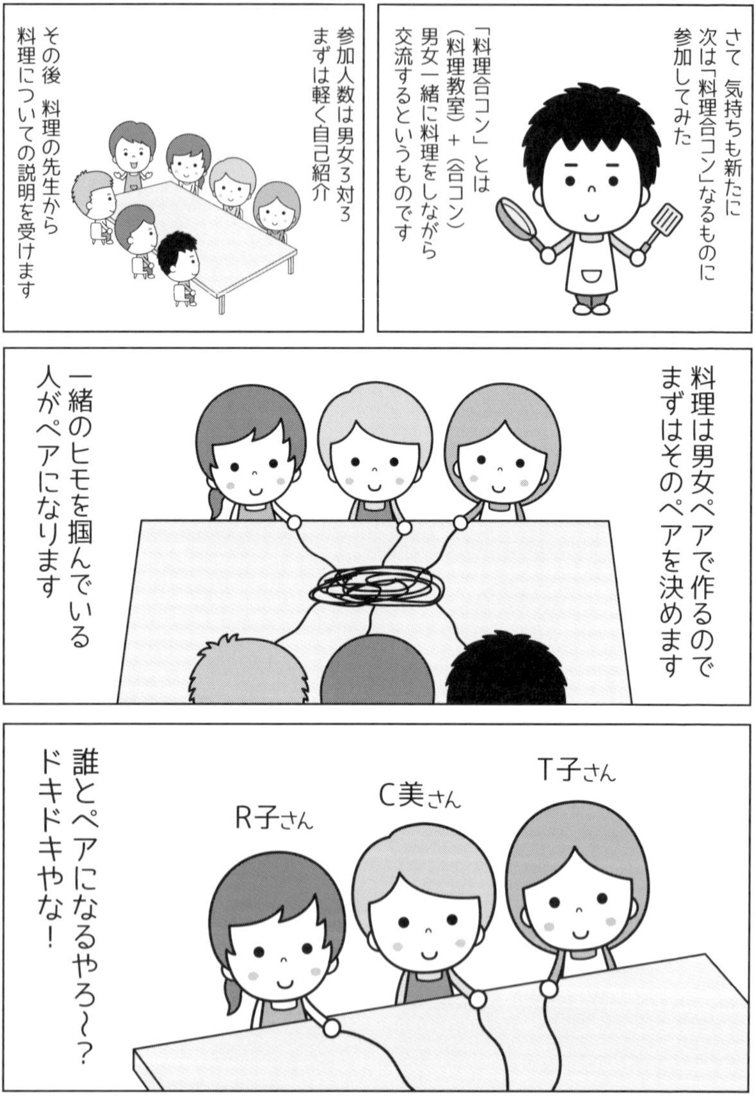
さて　気持ちも新たに
次は「料理合コン」なるものに
参加してみた
「料理合コン」とは
（料理教室）＋（合コン）
男女一緒に料理をしながら
交流するというものです
参加人数は男女3対3
まずは軽く自己紹介
その後　料理の先生から
料理についての説明を受けます
料理は男女ペアで作るので
まずはそのペアを決めます
一緒のヒモを掴んでいる
人がペアになります
T子さん
C美さん
R子さん
誰とペアになるやろ〜？
ドキドキやな！

普通の婚活パーティーに比べて、
みなさん和やかで自然体な感じで参加してました。

ペア決定！
T子さんと一緒だ！
T子さん
T子さんは料理が好きで毎日作っていて得意みたい
よろしくお願いします
自分はというと 不器用でたまに自炊するぐらいなのでどちらかというと苦手です
次に3種類の料理からどれを作るか、ペアごとに担当をクジで決めます
（今日の献立）
・パスタ
・肉料理
・サラダ（＋デザート）
説明ではどれも簡単に作れるモノみたいですが
サラダお願いします
なんでもいいですよ！
そうはいっても得意じゃないのでここは一番難しそうな肉料理は避けたいところ

　男女共に、料理が得意という人も苦手という人も参加していましたよ。

ぎゃーー!!
出たーー!!
肉料理
大変そうな肉料理を選んでもうた…
すみません…
大丈夫ですよ! 簡単です 私に任せてください!
やだ頼もしい!
T子さん…
こういうところから恋って生まれるのかしら(単純)

メニューは参加申し込みする前に見られるので、
得意料理がある日に行けばアピールできるはず!

料理は共同作業

料理スタート！
二人で協力して
料理をしていきます
料理が得意なT子さんが
主導で作業をします
俺も不器用ながら
頼りないところは見せられない
全力でサポートだ！
必要な物を持ってきたり
料理は順調に進む
使い終わった物を片付けたり
順調に進む
自分にできることで
懸命にサポート！
ふぅ～とりあえず
キリの良いところまでは
できましたね♪
そうですね！
ふぅ～
俺
料理してる？

料理は共同作業なので自然と仲良くなれます
和やかな雰囲気で心地良く
普段はどういったもの作るんですか?
和食が多いですね
なんだかんだと会話も弾む
ワイ
ワイ
ワイワイ楽しく話しているうちに料理が完成!
できたー!
一緒に料理をするって楽しいですね♪
うん! 俺
料理してない!

一緒にキッチンに立つというのは、
結婚後の夫婦というものがイメージできて良いものです。

料理姿に見とれて…

自分たちの料理が終わった後
他のペアの料理が完成するまで
少し時間があったので
T子さんと立ち話
ジロウさんとペアになれて
料理もおしゃべりも
ほんとに楽しかったです♪
僕もT子さんと
ペアで
楽しかったです♪
うれしいな〜！
なんだか
良い感じ？
T子さんは料理上手だし
やっぱり料理をしている
女性の姿って素敵ですよね
そういうものなんですか？
はい！エプロン姿の
女性って魅力的です！
顔がエロい…
見事に
台無し…

自分が楽しいのもいいけど、
相手が楽しんでくれているのはすごく嬉しいですね。

何を言われてるかはやっぱり不安

他のペアも料理を作り終え全員そろったところで
ペアを組んだ人以外と話ができるように席替えしてみんなで食事タイム
みんなでワイワイしゃべりながら楽しく食事
しばらくすると自然と皆さん一対一での会話になっていた
私は隣のC美さんとお話
ゴハンを食べる時間もたっぷりあったのでC美さんといろいろ楽しくお話できた
お料理 おいしいですね〜♪

みんなで料理をしたという雰囲気なので、
料理のペアではなかった人とも話しやすかったです。

私 ジロウさんが料理で
ペアだったT子と友達で
一緒に参加したんですよ！
料理合コンでも友達同士で
参加する人いるんやね
待てよ？
ん？ 友達同士で
参加してるってことは
この会が終わった後に…
あのジロウってやつ
キモかったよね！
※想像です
わかる！ エプロン姿に
一人で興奮してたし
ほんとキモい！
みたいなこと
言われてたり
しないかなあ…？
ガタ
ガタ
エプロンの件
すみません……

勝手な被害妄想でビクビクしていてもしょうがない。

トマトの試練

楽しくおしゃべりしながら おいしい料理をいただく 婚活といえど 最高の時間じゃないか！
しかし このサラダに 一つ問題が…
このサラダ トマト入ってるやん
ミニトマトであっても
俺 トマト苦手やねん!!
せっかくみんなで料理しといて 「俺 トマトは 食べられないんです」 なんて言えるわけがない…
もし そんなことを 言おうものなら……
※あくまで想像です
あのジロウってやつ トマト嫌いって小学生か！ どんな大人だよ！
あぁ～ トマト おもいっきり顔面に ぶつけてぇー!!

「マイナスになるようなことしたり、言ったりしたらどうしよう……」とか、
男性もドキドキしています。

郵 便 は が き

料金受取人払郵便

日本橋局
承　　認

6034

差出有効期間
平成33年2月
28日まで

切手をお貼りになる
必要はございません。

1 0 3-8 7 9 0

953

中央区日本橋小伝馬町15-18
ユニゾ小伝馬町ビル9階
総合法令出版株式会社 行

本書のご購入、ご愛読ありがとうございました。
今後の出版企画の参考とさせていただきますので、ぜひご意見をお聞かせください。

フリガナ お名前	性別 男 ・ 女	年齢 歳
ご住所 〒 TEL　（　　）		
ご職業 1.学生 2.会社員・公務員 3.会社・団体役員 4.教員 5.自営業 6.主婦 7.無職 8.その他（　　）		

メールアドレスを記載下さった方から、毎月5名様に書籍1冊プレゼント！

新刊やイベントの情報などをお知らせする場合に使用させていただきます。

※書籍プレゼントご希望の方は、下記にメールアドレスと希望ジャンルをご記入ください。書籍へのご応募は1度限り、発送にはお時間をいただく場合がございます。結果は発送をもってかえさせていただきます。

希望ジャンル：☐ 自己啓発　☐ ビジネス　☐ スピリチュアル

E-MAILアドレス　※携帯電話のメールアドレスには対応しておりません。

お買い求めいただいた本のタイトル

■お買い求めいただいた書店名

(　　　　　　　　　　　)市区町村(　　　　　　　　　　　)書店

■この本を最初に何でお知りになりましたか

□ 書店で実物を見て　□ 雑誌で見て(雑誌名　　　　　　　　　　)
□ 新聞で見て(　　　　　　新聞)　□ 家族や友人にすすめられて
総合法令出版の(□ HP、□ Facebook、□ twitter)を見て
□ その他(　　　　　　　　　　　　　　　　　　　　)

■お買い求めいただいた動機は何ですか(複数回答も可)

□ この著者の作品が好きだから　□ 興味のあるテーマだったから
□ タイトルに惹かれて　□ 表紙に惹かれて　□ 帯の文章に惹かれて
□ その他(　　　　　　　　　　　　　　　　　　　　)

■この本について感想をお聞かせください

(表紙・本文デザイン、タイトル、価格、内容など)

(掲載される場合のペンネーム：　　　　　　　　)

■最近、お読みになった本で面白かったものは何ですか?

■最近気になっているテーマ・著者、ご意見があればお書きください

ご協力ありがとうございました。いただいたご感想を匿名で広告等に掲載させていただくことがございます。匿名での使用も希望されない場合はチェックをお願いします□
いただいた情報を、上記の小社の目的以外に使用することはありません。

くそーーっ!!
まさか子供の頃からのトマト嫌いが婚活で足を引っ張ることになるなんてー!!
仲良くなってからならまだしもこの場でバレるのだけはなんとか避けたい!
どうやって乗り切る?
C美さんはおいしそうに食べますね! よかったら僕のトマトもどうぞ!
と、親切(?)を装ってみる
ササッ
もしくは正直に打ち明けて
トマトソースとかケチャップなら大丈夫なんですけどね!
という謎のアピールでごまかす

ピザとかパスタに入っている細かくしたトマトなら食べられるんですよ!
（……どうでもいい）

アカン！
うまくいく
気がせえへん……
バレないためにも
もうここは無理してでも
食べるしかない…
え～い！
パクッ
これで結婚へ
一歩近づけたかな？
うぅ…
がんばった
関係ない

ブーメラン

食事タイムが終了した後は
デザートタイム
ここであらためて
全員の女性と順番に
一対一でデザートを
食べながら話ができます
まず最初は
料理でペアだったT子さん
途中
失態(?)はあったものの
料理を一緒にしたことで距離も縮まり
たくさん楽しくお話もできて
すごく良い感じに
仲良くなれた気がします
キャッ キャッ
キャッ キャッ
うれしい♪
次は食事のときに
隣の席だったC美さん
途中、うろたえもしたけど
(主に勝手な被害妄想)
食事中は
たくさんお話できたし
お互い甘いモノが好き
ということで
話も盛り上がった!
ワイ ワイ
ワイ ワイ

デザートも参加者の1ペアで作ります。

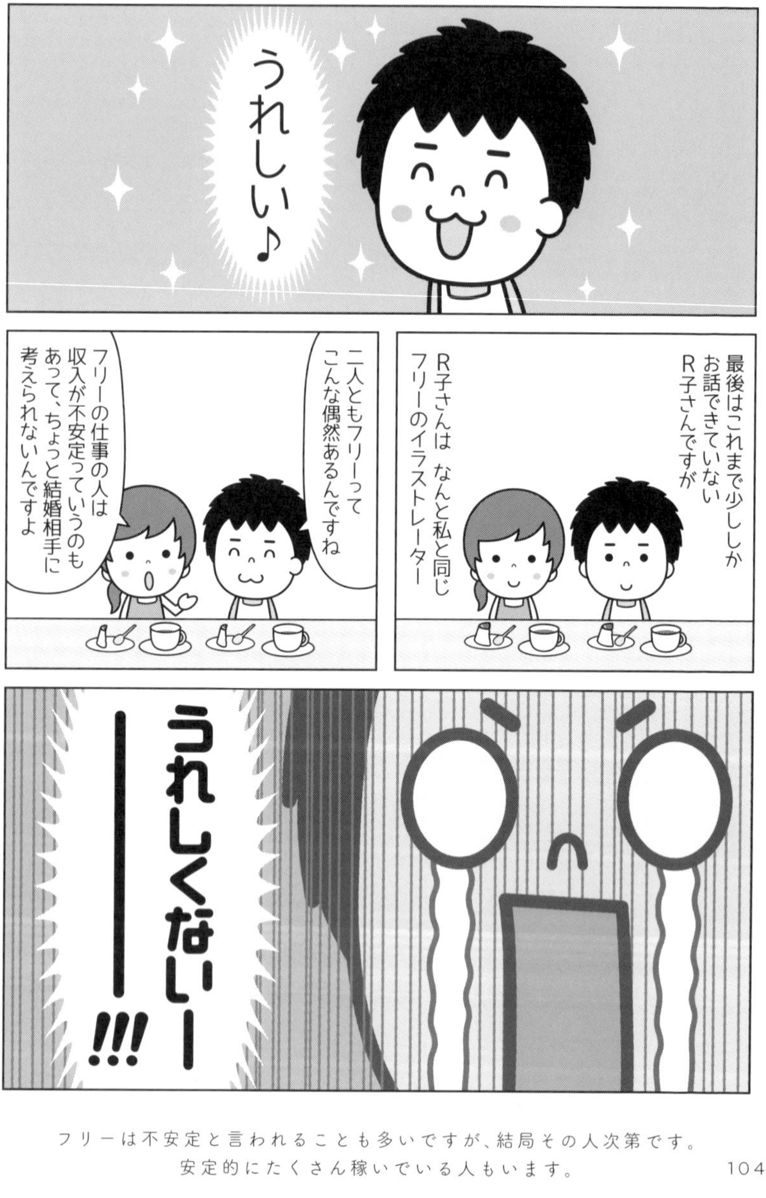
うれしい♪
最後はこれまで少ししかお話できていないR子さんですが
R子さんは　なんと私と同じフリーのイラストレーター
二人ともフリーってこんな偶然あるんですね
フリーの仕事の人は収入が不安定っていうのもあって、ちょっと結婚相手に考えられないんですよ
うれしくないー———!!!

フリーは不安定と言われることも多いですが、結局その人次第です。
安定的にたくさん稼いでいる人もいます。

結果発表

デザートタイムが終了し
最後はメッセージカードタイム
しくみは以前参加した
婚活カフェと同じで
名前
メッセージ
連絡先（ ）
気に入った相手に
連絡先を書いたカードを渡し
後はそれぞれ自由に
連絡を取り合う感じ
俺は一緒に料理をして 良い感じに
仲良くなれたT子さんから
カードをもらいたい！
T子さん
もちろん俺も カードを渡す
カードは回収され封筒にまとめられ
ここでイベントは終了
帰り際に自分宛の封筒をもらい
一人で開封…
結果は…
カードが入ってますように！
ドキ ドキ
カード入ってたー!!
しかも2枚！ 連絡先も書いてある
T子さんとC美さんからだ！
ん？ 2人は友達同士よね
まさか俺の取り合い
なんてことに…
どうしよう〜
エヘヘ
そんなわけない…
アカン！ アカン！
妄想してる場合じゃない…
うぬぼれるなジロウ！
ブン
ブン

やっぱり、ペアを組んで一緒に料理をした人との距離が
一番縮まります。

次へつなげるデートのお誘い

C美さんからのカードも
嬉しいけど
ここはやっぱりT子さんを
食事にお誘いしたい!
メールしよう!
断られたりしないかな?
オタク婚活パーティーで
突然フラれた
過去の記憶が蘇る…
K子さん
K子さん
彼氏ができました。
ゴメンなさい・・・
大丈夫かな?
向こうから連絡先をもらえたん
だから 今回は大丈夫よね
メール送信!
よかったらゴハンに行きませんか?
すぐにメールが返ってきた!
T子さん
今日はありがとうございました。よかったら今度ゴハンに行きませんか?
T子さん
こちらこそ
ありがとうございました。
ぜひゴハン行きましょう♪
翌週、食事に行くことに
やったーー!!

婚活といえど、自分から女性をお誘いするのは勇気がいります。

勇気の出しどころ

T子さんとの食事当日
料理合コンのときには割と仲良くなれてはいたが
やはりあらためて二人きりでの食事となると不安もあるし緊張もする…
しかし そんな心配もなんのそのすぐに緊張も解けて、楽しい時間を送ることができました
T子さんは私より歳下だけど気づけば自然とお互いに敬語を使うこともなく話していて
なんだか随分前から仲が良かったような感覚だ
次はどこか遊びに行こ～♪
いいね！動物園行きたい♪

 相手の方と、次へつながる話をするのは、とても嬉しいことですよね！

そのまま帰るつもりだったのです……。

なんや？　何が起きてる？
T子さんが体を寄せて
ピタッと くっついてきた!?
突然のことに動揺
あたふた
あたふた
これはどういうことや!?
好意の表れ？
単純にただ寒いだけ？
もちろんうれしいよ…けど
俺はどうしたらええねん!?
肩を抱き寄せるのが
正解か？
考えろ！
考えろ！
いや このまま黙って
受け入れて何もしない？
アホかっ!!
ここで行かないで
どうする？
向こうから
来てくれてるんだから
チャンスだろうが!!
でも、ほんまに
寒いだけだったら…

内心あれこれ考えすぎて爆発寸前。
これは好意なんでしょうか？　女性の皆さん、教えて！

肩を抱き寄せる…
んぐぐぐ…
勇気を振り絞れ！
どど……どこか
お店に入って、温かい
飲み物でも飲もうか！
ササッ
……
…アカン
ビビッて
しまった……

「伝えたいことがあるの」

動物園デートから数日後
あれはアカンよなぁ
その日のお礼メールに返事は
返ってきたけど
次デートに誘っても
断られちゃうかな…
ピコーン♪
自分の不甲斐なさに
落ち込んでいると…
メールが来た
T子さん
T子さん
来週は忙しいかな？
またゴハン行かない？
えっ！
T子さんからのお誘いだ！
もうダメだと
思ったよ～
良かった～♪
翌週、食事に行く
今までと変わらず
和やかで楽しい時間
食事も終えて 帰り道
またどこか
遊びに行こうね
ん？ 何かそわそわしてる？

気になる女性からのお誘い一つで元気になれるものです♪

はっ！今日は
婚活で出会う
←初めて二人で食事
←動物園デート
←再び食事（今日）
T子さんと出会って3回目のデート！
3回目のデートで告白するのが一般的なはず！
もしかして俺の告白を待ってくれている？
今、ココが告白のタイミングでは？
今日は伝えたいことがあるんだ
あれ…これは!? もしかして逆に告白される？
ドキッ！

3回目に告白するってマニュアル、古い？　古くない？
恋愛のペースは人それぞれでいいですよね！

…ジロウさんは
優しいし 一緒にいると
すごく楽しいよ！
だけど
仲良くはなれても
今以上の関係には
なれないかな…
〝お兄ちゃん〟って
感じがしちゃって…
…お…
お兄ちゃん…!?

婚活中の貴重な時間を無駄にしないためにも、
しっかり断るということも大切なのかもしれません。

お兄ちゃん・・・
・・・
ブ・・・
ブラザー・・・!?
ラブコメみたいなフラれ方したーー!!
ゴロン
ゴロン
俺は末っ子だーー!!
クソーッ!!
料理合コン終了

ここぞというときには、受け身な姿勢ではなく、
積極的にならないといけないですね。

自分に合うスタイルを探そう 婚活別レビュー

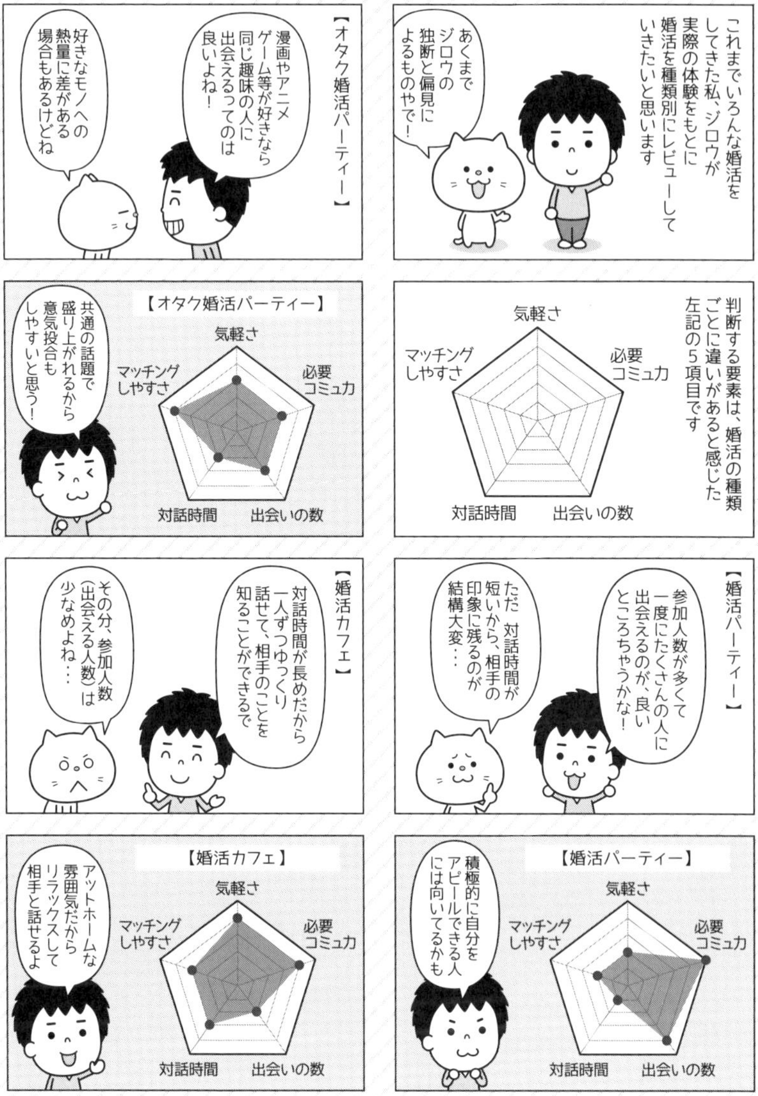

これまでいろんな婚活をしてきた私、ジロウが実際の体験をもとに婚活を種類別にレビューしていきたいと思います
あくまでジロウの独断と偏見によるものやで！
判断する要素は、婚活の種類ごとに違いがあると感じた左記の５項目です
気軽さ
必要コミュ力
出会いの数
対話時間
マッチングしやすさ
【オタク婚活パーティー】
漫画やアニメゲーム等が好きなら同じ趣味の人に出会えるってのは良いよね！
好きなモノへの熱量に差がある場合もあるけどね
【オタク婚活パーティー】
気軽さ
必要コミュ力
出会いの数
対話時間
マッチングしやすさ
共通の話題で盛り上がれるから意気投合もしやすいと思う！
【婚活パーティー】
参加人数が多くて一度にたくさんの人に出会えるのが、良いところちゃうかな！
ただ 対話時間が短いから、相手の印象に残るのが結構大変…
【婚活パーティー】
気軽さ
必要コミュ力
出会いの数
対話時間
マッチングしやすさ
積極的に自分をアピールできる人には向いてるかも
【婚活カフェ】
対話時間が長めだから一人ずつゆっくり話せて、相手のことを知ることができるで
その分、参加人数（出会える人数）は少なめよね…
【婚活カフェ】
気軽さ
必要コミュ力
出会いの数
対話時間
マッチングしやすさ
アットホームな雰囲気だからリラックスして相手と話せるよ

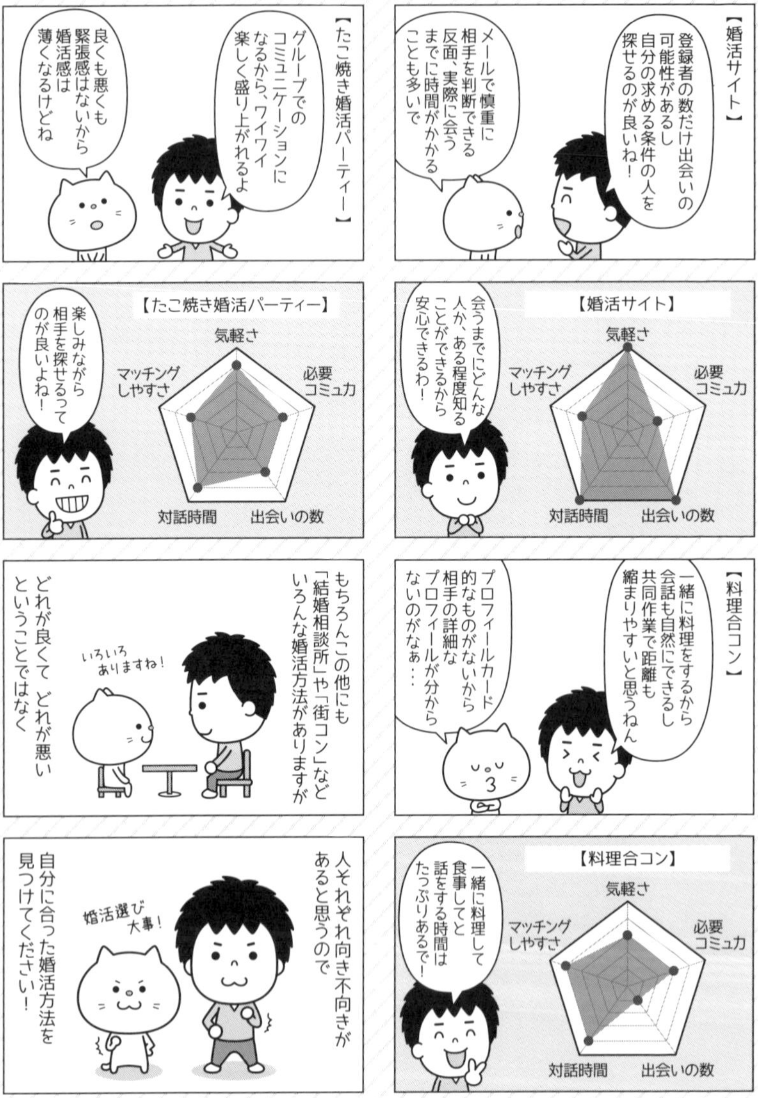

【婚活サイト】
登録者の数だけ出会いの可能性があるし自分の求める条件の人を探せるのが良いね！
メールで慎重に相手を判断できる反面、実際に会うまでに時間がかかることも多いで
【婚活サイト】
気軽さ
必要コミュ力
出会いの数
対話時間
マッチングしやすさ
会うまでにどんな人か、ある程度知ることができるから安心できるわ！
【料理合コン】
一緒に料理をするから会話も自然にできるし共同作業で距離も縮まりやすいと思うねん
プロフィールカード的なものがないから相手の詳細なプロフィールが分からないのがなぁ…
【料理合コン】
気軽さ
必要コミュ力
出会いの数
対話時間
マッチングしやすさ
一緒に料理して食事してと話をする時間はたっぷりあるで！
【たこ焼き婚活パーティー】
グループでのコミュニケーションになるから、ワイワイ楽しく盛り上がれるよ
良くも悪くも緊張感はないから婚活感は薄くなるけどね
【たこ焼き婚活パーティー】
気軽さ
必要コミュ力
出会いの数
対話時間
マッチングしやすさ
楽しみながら相手を探せるってのが良いよね！
もちろんこの他にも「結婚相談所」や「街コン」などいろんな婚活方法がありますが
いろいろありますね！
どれが良くて どれが悪いということではなく
人それぞれ向き不向きがあると思うので
婚活選び大事！
自分に合った婚活方法を見つけてください！

6

婚活卒業へ

運命の出会い

ハッキリ言えばいいってもんじゃない

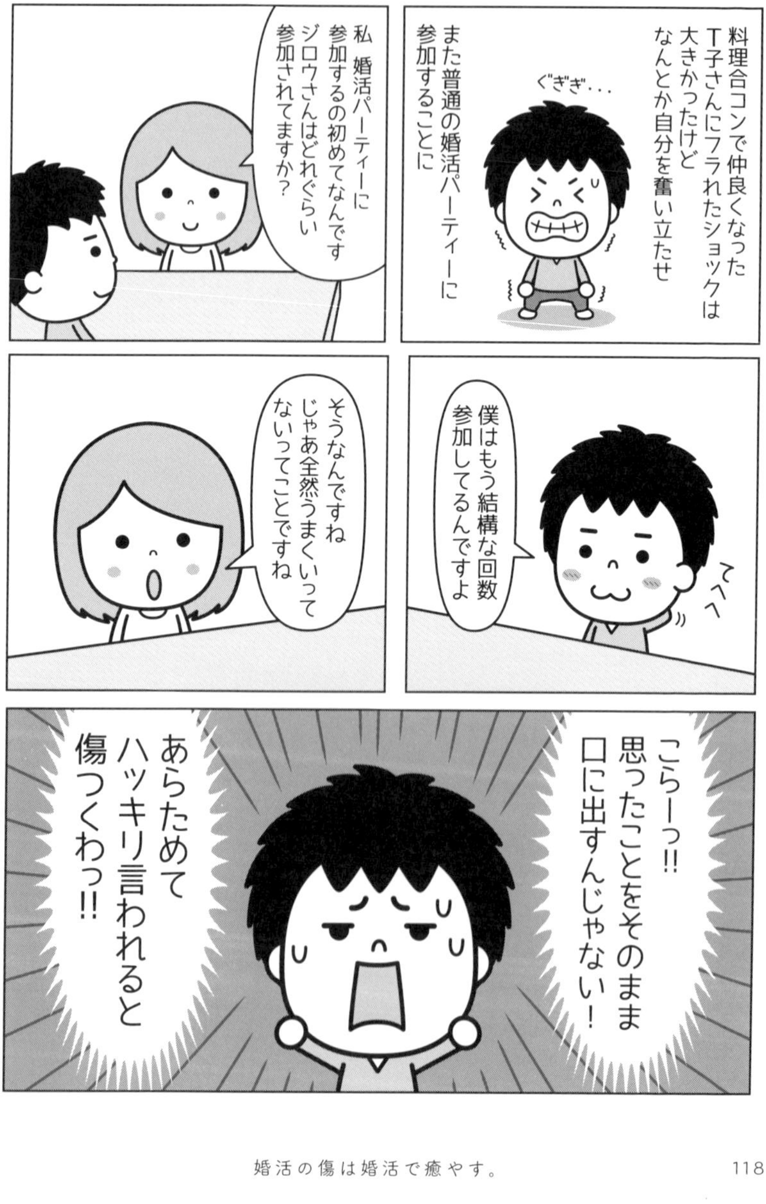

料理合コンで仲良くなったT子さんにフラれたショックは大きかったけどなんとか自分を奮い立たせ
ぐぎぎ…
また普通の婚活パーティーに参加することに
私 婚活パーティーに参加するの初めてなんです ジロウさんはどれぐらい参加されてますか?
僕はもう結構な回数参加してるんですよ
てへへ
そうなんですね じゃあ全然うまくいってないってことですね
こらーっ!! 思ったことをそのまま口に出すんじゃない!
あらためてハッキリ言われると傷つくわっ!!

いらない情報

また別の日に参加した婚活パーティーでカップリングした女性と、後日お茶をすることに
ジロウさんとカップリングできて本当嬉しかったです！
パーティー中 ジロウさんはずっとニコニコしていてよく笑うし 話しやすくてすごく楽しかったです
なんか照れますね
褒めてもらえてうれしいな♪
一緒に参加していた友達はジロウさんのこと、ニヤニヤしていて気持ち悪かったって言ってましたけどね！
その情報いるっ!?
褒めてもらえるのはうれしいけど、友達をダシに使ってる(?) その感じあなたへの好感度はグングン下がってますよ…
はは…
ついでに知りたくなかった婚活での自分の低評価を聞かされて俺のテンションもグングン下がってるしね!!

婚活で出会った他の男性に対する愚痴をぶつけてくる人もいましたが、あまり気持ちの良いものではありませんでした。

やっぱり安定第一

別の婚活パーティーでのフリータイム
E男さん
K美さん
K美さんを狙っているのはどうやら俺とE男さんの2人みたいだな
3人で話をしているとき
普段の公務員の仕事が～…
なにっ!? 公務員!?
こちとらしがないフリーのイラストレーター
あらゆる面で安定した職業の公務員に対して婚活で勝ち目なんてあるのか!?
いやっ! 男なら負けると分かっていても戦わなくちゃいけないときがある
それが今ここだ!!
完敗……
K美さんはE男さんとカップリングして、楽しそうに会場を後にしていました
わはは
あはは
ああ～やっぱり!
チクショー!! 安定がなんぼのもんじゃい! 公務員がそんなに偉いのか!!
最低
ペッ! ペッ!
男として いや 人として完敗です…

やっぱり公務員、大手企業勤めの男性は人気です。

貧乏設定

主催社がセッティングをしてくれる合コンスタイルの婚活に参加（男女 4対4）
そこで連絡先を交換した年上の会社員の女性と後日 二人で食事へ行くことに
大半は趣味の話で盛り上がり あっという間に時間は過ぎ…
お会計
いつも女性との食事代は全部出すようにしているので今回も普通に出すつもりでしたが
いくらかな？
ここは私が出すよ 生活きついんでしょ！
俺、貧乏設定!?
!!
そんなこと一言も言ってないで！
フリーのイメージ？
結局は全部私が払いましたが その日以降 連絡はつかず…

婚活では男性が食事代を出すのがいいとは思いますが、とはいえ女性が割り勘を提案してくれるだけでもうれしいものです。

主催社の手違い

半個室型の婚活パーティーに参加しました
女性がそれぞれ個室で待っていて、男性が移動するというもの
（人数は男女10対10）
個室になっているということ以外は普通の婚活パーティーとほぼ同じで
まわりの人の目が気にならず落ち着いて話せるというのが良いところなのかな
そして今回私が第一希望に選ばせていただいたI子さんと
やったー!!
カップリングに成功！
選んでいただいてありがとうございます！
あわ
あわ
あれ？なんか様子がおかしい？

普通の婚活パーティーとは雰囲気が少し違い、
半個室というだけでまわりが気にならないので、すごく気が楽でした。

えっ!?
すみません…
ササッ
慌ててどこかに行っちゃった…
すると主催社の方がやってきて…
申し訳ございません
ん？
こちらの手違いでしてI子さんはジロウさんを選んでおらずカップリングしておりませんでした…
……

天国から地獄……。

婚活オフ会

婚活している人向けのオフ会に参加してみました
参加人数は総勢50人程なかなかの規模です
特に司会の人がいるわけでもなく 席に着いた人から周りの人と勝手にワイワイやる感じ
婚活というより 人数の多い飲み会みたいなものでした
人数が多くて一人ひとりとはあまり話せなかったけど
隣の席のH子さんとは仲良くなり
オフ会の解散時に思い切ってお誘いしてみた
よかったら二人で二次会でもしませんか？
いいですね！私も飲み足りなかったんですよ行きましょう！
二次会でも二人で楽しく盛り上がり
連絡先を交換してその日は解散

婚活オフ会はSNSで見つけました。オフ会というだけあって、カジュアルな服装で参加してる人が多かったです。

フラれ方いろいろ①

その日以降 他愛なくも楽しいメールのやり取りが続いていた
その中で ゴハンに誘うも なかなか実現せず
H子さん
H子さん
また予定が分かったら教えるね。
んん～
それでもやり取りは今までと変わらず続いていた
そんなある日 こんなメールが届いた
H子さん
H子さん
突然だけど、アメリカに引っ越すことになったんだ。これまでありがとう。
思い切ったメールやなあ……
ヤサシサ?
リアリー?

このＨ子さんとは後日、別の婚活の場で普通に出会ってしまい、
お互い非常に気まずかった……。

フラれ方いろいろ②

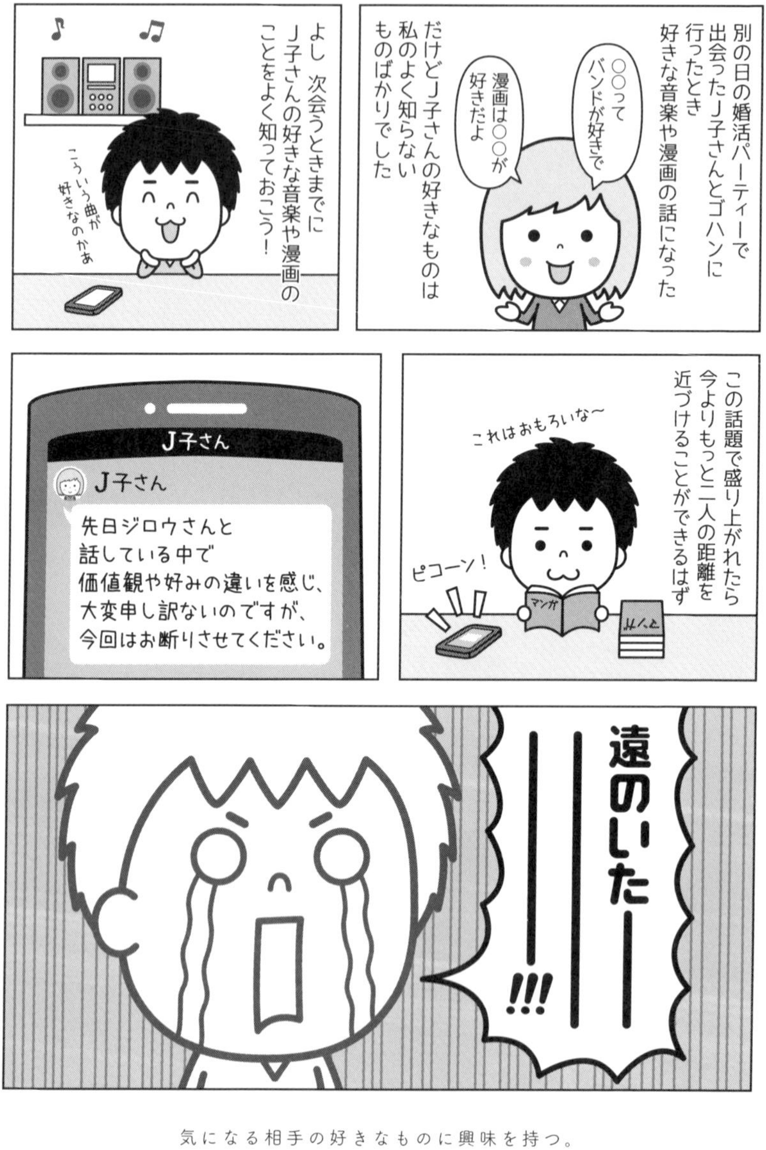
別の日の婚活パーティーで出会ったJ子さんとゴハンに行ったとき好きな音楽や漫画の話になった
○○ってバンドが好きで
漫画は○○が好きだよ
だけどJ子さんの好きなものは私のよく知らないものばかりでした
よし 次会うときまでにJ子さんの好きな音楽や漫画のことをよく知っておこう!
こういう曲が好きなのかあ
この話題で盛り上がれたら今よりもっと二人の距離を近づけることができるはず
これはおもろいな〜
マンガ
ピコーン!
J子さん
J子さん
先日ジロウさんと
話している中で
価値観や好みの違いを感じ、
大変申し訳ないのですが、
今回はお断りさせてください。
遠のいた―――!!!

気になる相手の好きなものに興味を持つ。
距離を縮めるには良いことだと思うのです。

もう傷つきたくない

またうまくいかなかったなあ…もう何度目だろ…
なんで俺こんなにボロボロになってるんだろう…
自分の不甲斐なさが嫌になる…
婚活ってこんなにもつらいものなの……？
もう傷つきたくない……
う…
うう…
心が折れそうだ……

婚活がうまくいかないと落ち込みます。
自分の心と相談して、ときには休み、自分のペースでいきましょう。

でも ここで逃げても
結局独り…
何も変わらないな…
婚活を始めて約1年…
自分に自信もなく
どうしていいかわからず
何もできなかった
最初の頃に比べたら
たくさんの人と出会って
いろいろな経験を経て
少しずつは成長できているはず
たとえこの先
不甲斐なく
うまくいかないこと
ばかりだとしても…
自分を諦めない
何度でも
立ち上がってやる
いつか
素敵な人と出逢える
そのときまで……
俺は
婚活を頑張る!!

「いつか絶対、結婚したいと思える人に出会えるはず！」
そう強く思って、婚活を続けました。

M美さん

そしてまた
いろんな婚活の場に
参加しては失敗しを
繰り返した後
ゆったりと会話できる
「婚活カフェ」が
自分には一番合って
いるんじゃないかなと
再び参加することに
しました
そこで出会った
パン屋で働くM美さんから
メッセージカードと連絡先を
もらうことができた！
M美 より
お話中ずっと笑いっぱなしで、
楽しい時間を過ごせました。
またお話したいです！
連絡先（○○○@○○○ne.jp）
連絡を取り合い
ゴハンへ行くことに
仕事のことや恋愛のことなど
いろんな話題に
ついて話したり
お互いマンガ好きという
共通点もあって 盛り上がったり
二人で
初めての食事とは
思えないほど楽しい時間でした

失敗を繰り返し、いろいろ経験してきたからこそ、
自分に合った婚活スタイルを見つけることができたのだと思います。

M美さんは よくしゃべるし とても 話しやすい人だなあ
私 ついこの前 誕生日だったんだ
おぉ そうなんや おめでとう!
パチ パチ
なんというか フィーリングが 合っているような 気がする
翌週 二人で映画を観に行き
その映画の展示イベントも 見に行ったりして 丸一日たっぷり遊んだ
この絵って あのシーンやな
あそこ 良かったよね

ノリというかテンションが同じなのか、
なんでもない会話をしていても、すごく楽しかったです。

まだ出会って日も浅く、しっかりしたプレゼントだと気を遣わせてしまうかなと、
小さなお菓子を選びました。

そして帰り際
この前のお返し!
えっ!? ほんまに!?
今度はM美さんがこの前のお返しにと、お菓子をプレゼントしてくれました
ありがとうね!
またね〜
嬉しくってニヤニヤしちゃった♪
M美さんといると居心地が良く素の自分でいることができる
とても明るく元気な人で一緒にいるといつも楽しい気持ちにさせてくれる
すごく素敵な人
M美さんのことが好きだ!
この人とお付き合いしたい
次のデートで告白しよう!

相手のことを明確に好きだと思えたことで、
考えも行動もとてもポジティブになることができました。

母の入院

M美さんと来週会う約束をした
M美さん
M美さん
来週も楽しみにしてるね。
来週か〜
ドキドキ
告白する決意はできたし緊張はするけど来週が待ち遠しい〜！
M美さんとのデートをワクワクしながら待ちわびていると
ん？めずらしいな！
大阪の実家にいる父から電話がかかってきた…
えっ!! お母さんが病気で入院!?
急いで新幹線に乗って東京から大阪に帰る
大丈夫かなあ？

　告白のイメトレだけはバッチリだったのですが・・・。

親に婚活していることを話したら応援してくれたので、
あらためて頑張ろうという気持ちになりました。

会えない時間が愛を育む？

しばらく会えなくなったことをM美さんに連絡しないと…
M美さん
母親が入院して、一ヵ月ぐらいは大阪にいることになってん。来週約束してたのにごめんね…また落ち着いたら連絡するよ。
お断りのメールみたいに思われるだろうなあ…
返事が来た
M美さん
M美さん
来週のことは気にしなくて大丈夫だよ！お母さん心配だね。お大事にしてください。ジロウさんも体に気をつけてね。
1カ月後…
M美さん
M美さん
お母さんが元気になったら、あらためて出かけよう！落ち着いたら連絡してね。待ってるよ！
いい人やなあありがとう…

この期間はあまり連絡もできず、
会えない時間がとても長く感じました。

母も無事快復して
元気になったので
東京に戻ってきた
戻ってきた！
もちろんこの1カ月の間に
M美さんとは何度かメールの
やり取りはしていたものの
前回お会いしたときから
日にちが空いてしまって
いることで、見限られて
いないか不安だ…
大丈夫かなぁ…
それでもやっぱりM美さんに
会いたい気持ちは強く
東京に戻ってきた報告と
あらためてお誘いのメールを
送ることにした
来週
どっか出かけない？
すると すぐに返事が来て
M美さん
M美さん
おかえりー!!
久しぶりに出かけよう！
楽しみに待ってたよ♪
自分の不安なんて
あっさりと吹き飛ばしてくれた
しばらく日にちが
空いても 待ってて
くれていたことが
とてもありがたい……
よかったあ～
M美さんの優しさが
身にしみる……

婚活中の1カ月というのはとても貴重な時間だと思うので、
待ってくれてなくても仕方ないという気持ちはありました。

一世一代の大告白

デートの日
1カ月ぶりというのもあって なんだか少し照れくさいな
元気してた？
今回はM美さんの地元近くで遊ぶことになりました
観光スポットをブラブラしたり
ワイワイはしゃいで遊んだり
魚の形をした物を釣り上げるおみくじ
写真撮るよ～
以前と変わらず M美さんと一緒にいると やっぱり楽しいし 落ち着く
この人ともっと一緒にいたい 今日 告白しよう！
夜は お店で鍋を 食べることに
いっぱい食べて たくさんしゃべって 楽しい時間
おいしい～
今日は一日遊んで もう結構遅い時間だし これ食べ終わったら 帰るだけよね？

この日に告白しようと思っていたので、
一日中どこか落ち着きがなくソワソワとしていました。

どこのタイミングで
告白する？
帰り際？
静かな公園とかあったら
良いねんけど
この辺りは今日初めて来た
場所だし
全然わからん
何より 時間がなくて
バタバタしちゃいそう…
そうなると…
今この場所でか!?
ここは鍋のお店だし
店内は少しガヤガヤしてるぞ
いや ほど良いガヤガヤで
逆にまわりは
気にならない？
けど ムードのかけらも
ないけど大丈夫か？
もっと万全のシチュエーションで
告白するべきなんじゃない？
フラれたらどうしよう…
怖い……
決意はしてたけど
それでもやっぱり
告白するには勇気がいる…

告白直前は、男らしくしっかり自分の言葉で思いを
伝えられるのかという不安と、フラれてしまう恐怖との戦いです。

けど ここでビビって
何もしなけりゃ
今までと同じだ…
前へ進みたい！
……よし！
食後の落ち着いたタイミングで…
今日は伝えたいことがあるねん
ん？
ビビるな！
あの～……
え～っとね……
勇気出せ!!
M美さんのことが好きやねん!!
お付き合いしてくれませんか？

　婚活を続けてきたことで、人間的に成長できた部分もあると思います。

…もちろん
その先に……
結婚があれば
うれしいなって思ってます
若干照れの入った
言い回しにはなったけど
しっかりと
気持ちは伝えられたはず
……
……
……

うん 喜んで!!
M美さんと お付き合いすることになりました
よろしくね♪

しっかり「結婚」ということまで伝えられたことは、自分を褒めてあげたい。
婚活を始めて、ここまで約一年。俺、頑張った！

婚活卒業

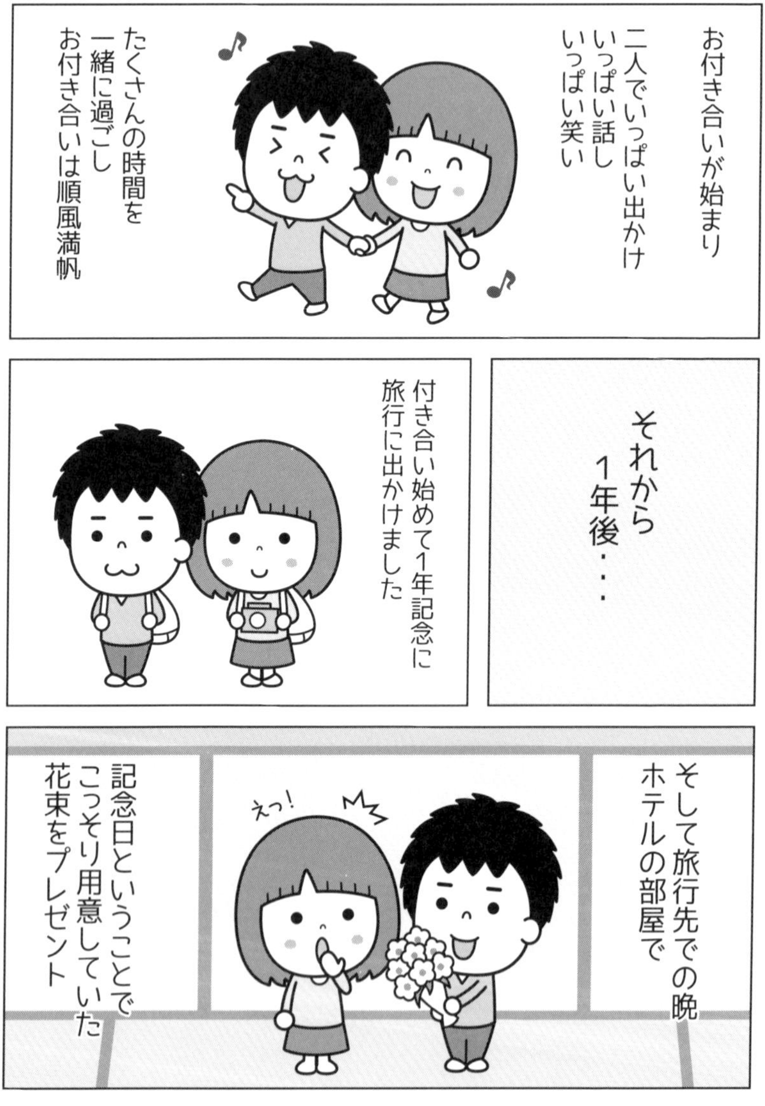
お付き合いが始まり
二人でいっぱい出かけ
いっぱい話し
いっぱい笑い
たくさんの時間を
一緒に過ごし
お付き合いは順風満帆
それから
1年後・・・
付き合い始めて1年記念に
旅行に出かけました
そして旅行先での晩
ホテルの部屋で
えっ！
記念日ということで
こっそり用意していた
花束をプレゼント

もちろん、お付き合いを始めてからは、
婚活パーティーには参加しなくなりました。

うれしい～♪
実はもう一つ渡したいものがあるねん…
えっ？
付き合って1年…いろいろなことがあったね
M美のおかげでほんと毎日が楽しくて感謝してますいつもありがとう！
これから先もずっと一緒にいたいと思ってるよ…
M美………

結婚しよう!!

・・・はい

よろしくお願いします・・・
・・・・・・ありがとう

こちらこそ……
ありがとう！

結婚することになりました！

婚活で得たもの

婚活は本当に大変で
もちろん手応え全くなし・・・
いつも通り！
なんじゃそりゃー!!
完全に一人で舞い上がってただけやーっ!!
ガーン
そこはリアル!!
俺は末っ子だー!!
振り返ればいろいろありました・・・
婚活を始めた頃は「結婚したい！」という気持ちばかりが先走り
心に余裕がなく・・・
うまくいかないことを相手のせいにしたりして
自分のことだけしか考えていなかった・・・
ふんっ！
〝相手を思いやる〟
私はそんな当たり前のことができていなかったかもしれません・・・

しかし
婚活を通じて
いろんな人に出会い
失敗を繰り返したことで
たくさん後悔や反省をし
自分自身を見つめ直す
ことができました
一人よがりな自分から
相手を思いやることが
できる人間に
少しは成長
できたのかな……
失敗ばかりの日々に落ち込み
辛く苦しいときも
あったけど
諦めずに
婚活を続けたおかげで
ぎゃははは!
毎日楽しく笑い合える人と
出会うことができました

これから先も大変なことは
あるかもしれないけど
大丈夫!!
二人でなら
何があっても乗り越えていける
そう思えます
彼女に出逢えて良かった……
婚活を頑張って良かった……
今、
最高に幸せです。
おわり

ご両親へのご挨拶

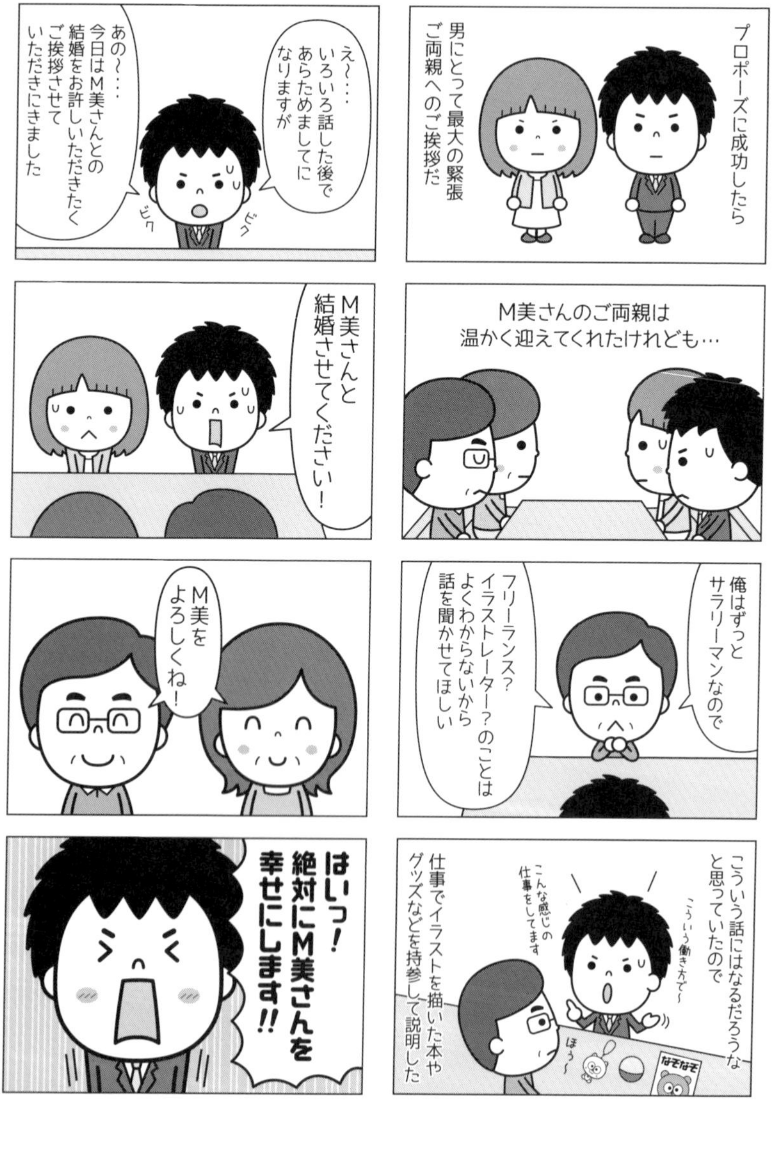

プロポーズに成功したら
男にとって最大の緊張 ご両親へのご挨拶だ
M美さんのご両親は温かく迎えてくれたけれども…
俺はずっとサラリーマンなので
フリーランス？イラストレーター？のことはよくわからないから話を聞かせてほしい
こういう話にはなるだろうなと思っていたので
こんな感じの仕事をしてます
こういう働き方で～
ほう～
なぞなぞ
仕事でイラストを描いた本やグッズなどを持参して説明した
え～…いろいろ話した後であらためましてになりますが
ビク
ビク
あの～…今日はM美さんとの結婚をお許しいただきたくご挨拶させていただきにきました
M美さんと結婚させてください！
M美をよろしくね！
はいっ！絶対にM美さんを幸せにします!!

結婚式

結婚式当日
ついに この日を迎え…
乾杯!!
カンパーイ!
カンパーイ!
カンパーイ!
カンパーイ!
カンパーイ!
お互いの家族だけで行った結婚式
おめでとう!
パチ パチ パチ パチ
家族のみんなが笑顔で祝福してくれている
おめでとう!
パチ パチ パチ パチ
私たちは結婚しました
ニッコリ
ニコッ
あの日始めた婚活が
今日という日につながりました
明日も良い日でありますように♪

M美の婚活

私はM美と申します
埼玉県出身
仕事はパン屋で働いてます
年齢はアラサー
いずれは結婚したいと
婚活を始めました!
頑張って合コンやオフ会などに
参加したりして
いろいろな人と出会い
2人になると 話が弾まない
......
何度か男性の方と
食事に行ったりもしましたが
なかなかうまくいかず……
この革ジャン カッコイイでしょ!
そ そうですね…
ナルシスト
そんなときに婚活カフェで
出会ったのがジロウさんでした
キャッ キャッ
ワイ ワイ
ジロウさんとは話も合い
すぐに仲良くなることができ
二人で出かけてもすごく楽しく
何より この人といると
自分が自然体でいられる
私は少しずつ
惹かれていきました
ジロウさんは自分が
フリーランスであることを
気にしていましたが
不安定やけど そういうの 気にならない?
全然!!
私はそんなこと
全く気になりませんでした!
そして
何度かデートを重ねた後
M美さんのことが 好きやねん!!
お付き合い してくれませんか?
キャー!! どうしよー!!
ぐる
ぐる
告白されたよ!! うれしい~♪

うん 喜んで!!
浮かれて返事してしまったけど
自分のことで
一つだけ不安なことがあったんだ
それを伝えないと……
あっ でも… 実は私 今まで一度も お付き合いをしたことが ないんだ…
そ それでも 大丈夫かな?
ガッカリされたらどうしよう……
そんなの 全然関係ないよ!!
M美さんの初めて お付き合いする人に なれたら俺はうれしいで!
ジロウさんの堂々とした返答は
いい人!
好きだー!!
私の不安を 全て吹き飛ばしてくれ
安心してお付き合いを 始めることができました
ありがとう!!
よろしくね♪
そして 付き合い始めて1年後…
結婚しよう!
はい!
プロポーズを受けました
これから 二人で歩んでいく道が ずっと幸せで ありますように!

おわりに

最後まで読んでいただきましてありがとうございます。
悪戦苦闘な婚活の日々の末、晴れて結婚することができました。

そして現在、毎日楽しく結婚生活を送っています。
何があるわけでもないけど、なんでもない日常がとても心地良く、
今、とても幸せです。

本書で描いたとおり、婚活では自分の不甲斐なさから失敗ばかりで
本当に苦労しました。
いろいろな人に出会い、そのたびに教わることがたくさんありました。

しかしそのおかげで、自分にピッタリの相手に出会うことができ、結婚
というものに対して大きな喜びを実感することができました。
私を結婚相手として選んでくれた彼女には感謝しかありません。

婚活は大変なことも多いですが、
もちろん良いこともいっぱいあります！
そんな婚活の良いところを少しだけ紹介します。

❶ 出会いのチャンスが豊富

例えば婚活パーティーに行けば、
異性の参加人数だけ出会いがあります。
普段出会いがない人でも、出会いの数という意味では、
自分次第でいくらでも異性と出会うことができるのです。
（もちろんカップリングできるかは別ですが……。）

❷ いろんなタイプの人と出会うことができる

普段の自分の生活範囲内では、全然違う職業の人など、
なかなか出会うことがないような人とも出会うことができます。

❸ 結婚を考えている者同士で出会うことができる

当たり前と言えば当たり前ですが、結婚に前向きじゃない人、結婚自体を考えていない人も少なからずいる昨今を考えれば、これはとてもメリットなんじゃないでしょうか。

他にもまだまだあるのですが、何が言いたいかというと、

「婚活って素晴らしい!!」

諦めなければ、あなたにとっての運命の人にいつかきっと巡り会えるはず！　……私はそう思います！

最後に、読者のみなさま、妻のM美、そして本書の制作に携わっていただいた全ての方々に、この場を借りてお礼申し上げます。

本当にありがとうございました！

婚活している人も、
そうでない人も。
この本を読んでくださった
あなたの恋が、
すてきなものに
なりますように……！

おーじろう

大阪府出身、埼玉県在住。
2004 年よりフリーランスのイラストレーターとして活動開始。
チビかわいくて楽しいイラスト・キャラクターを制作し、
グッズ・出版・モバイル関連等、さまざまな媒体で活動を展開。
35 歳の時に始めた婚活を描いた漫画が、アメブロランキング
(婚活レポ) 1 位を獲得。

ウェブサイト：http://o-jirou.com
Twitter：@ojirou2

婚活男。

2019年 8 月23日　初版発行

著　者　おーじろう
発行者　野村直克
発行所　総合法令出版株式会社
〒103-0001 東京都中央区日本橋小伝馬町 15-18
ユニゾ小伝馬町ビル 9 階
電話　03-5623-5121
印刷・製本　中央精版印刷株式会社

ISBN 978-4-86280-699-4
総合法令出版ホームページ　http://www.horei.com/